江西财经大学会计学术文库

地方国有上市公司定向增发资产注入动机及经济后果研究

Study on Motivations and Economic Results for Local State-owned Listed Companies' Asset-injection by Private Equity Placement (PEP)

周子剑　黄一松　章卫东　著

中国财经出版传媒集团

经济科学出版社

Economic Science Press

图书在版编目（CIP）数据

地方国有上市公司定向增发资产注入动机及经济后果
研究/周子剑，黄一松，章卫东著. —北京：经济
科学出版社，2017.12
（江西财经大学会计学术文库）
ISBN 978 - 7 - 5141 - 8918 - 6

Ⅰ.①地… Ⅱ.①周…②黄…③章… Ⅲ.①国有企业 -
上市公司 - 融资 - 研究 - 中国 Ⅳ.①F279.246

中国版本图书馆 CIP 数据核字（2017）第 327489 号

责任编辑：庞丽佳
责任校对：徐领柱
责任印制：邱　天

地方国有上市公司定向增发资产注入动机及经济后果研究

周子剑　黄一松　章卫东　著
经济科学出版社出版、发行　新华书店经销
社址：北京市海淀区阜成路甲 28 号　邮编：100142
总编部电话：010 - 88191217　发行部电话：010 - 88191522
网址：www.esp.com.cn
电子邮件：esp@ esp.com.cn
天猫网店：经济科学出版社旗舰店
网址：http://jjkxcbs.tmall.com
北京密兴印刷有限公司印装
710 × 1000　16 开　14.75 印张　270000 字
2017 年 12 月第 1 版　2017 年 12 月第 1 次印刷
ISBN 978 - 7 - 5141 - 8918 - 6　定价：59.00 元
（图书出现印装问题，本社负责调换。电话：010 - 88191510）
（版权所有　侵权必究　举报电话：010 - 88191586
电子邮箱：dbts@ esp.com.cn）

国家自然科学基金项目 （71262004） 研究成果

前　言

在股权分置时代，我国上市公司大多采取了剥离非核心资产改制上市模式。而股权分置改革后，却出现了地方政府通过行政手段将一些非上市资产注入上市公司的热潮。据统计，2006～2016 年，我国证券市场共发生了 846 次地方国有控股上市公司资产注入行为，注入资产金额高达 13330.43 亿元，这其中，上市公司通过向控股股东定向增发新股收购其资产，成了定向增发资产注入的一种常用方式。而有研究显示地方国有控股上市公司资产注入可能成为向控股股东"掏空"上市公司进行利益输送的手段，但是，这些研究没有关注到我国地方国有控股上市公司的控股股东是地方政府这一特征。我国地方政府为了解决当地的就业、社会养老、社会稳定等社会目标，促进当地 GDP 增长，地方政府有动机干预作为当地经济发展"生力军"的地方国有控股上市公司的经营活动。地方政府既是地方国有控股上市公司的实际控制人，又是地区的公共管理者和经济调控者，地方国有控股企业的经济活动受政府及官员的目标、意志等的影响更为显著，这为地方政府采用行政手段干预地方国有控股上市公司的相关经济活动提供了天然的条件。那么，近年来我国地方国有控股上市公司频发的定向增发资产注入中，地方政府是否进行了干预，其动机何在，后果如何？不同地区区域制度环境差异对于地方政府干预是否有影响？这都需要进行深入的研究分析，但到目前为止，国内外学者没有对我国地方政府干预地方国有控股上市公司定向增发资产注入的动机、利益输送机理及其后果进行系统的理论分析和实证检验。本书主要以政府干预理论、制度环境理论等理论为基础，结合我国特殊的新兴市场和转型经济特征，从理论和实证两方面分析和检验地方政府干预地方国有控股上市公司定向增发资产注入的动机及经济后果，并且探究了在不同的制度环境下，这种经济后果是否会发生变化。通过对这些问题的研究，在理论上，有助于从政府干预角度拓展和深化大股东与中小股东的代理理论，形成对地方国有控股上市公司热衷于定向增发资产注入的理论新解释，拓展和深化政府"支持之手"理论和政府"掠夺之手"理论，丰富上市公司定向增发资产注入经济后果的研究文献。在实践上，可为证券监管部门完善上市公司定向增发资产注入的监管制度提供理论依据。

本书通过对我国地方国有控股上市公司定向增发资产注入中利益输送的动机和经济后果的理论与实证研究，取得了一系列的研究结论。

(1) 本书在政府干预理论、定向增发的理论解释和资产注入的理论解释基础上，构建了地方政府干预地方国有控股上市公司定向增发资产注入动机的理论框架，并通过实证研究验证了本文的理论假设。本书研究发现，政府干预企业经营活动虽然是一个全球普遍存在的现象，但在我国，由于国有股股东"一股独大"的现实状况，使得政府干预在国有控股上市公司中显得尤为突出。一方面，政府作为控股股东，有能力干预国有控股上市公司；另一方面，政府及政府官员在政治目标与政绩考核的压力下，有动机通过干预企业行为来实现其目标；再者，控股股东将未上市的资产注入上市公司的行为，本质上也是控股股东与上市公司之间的一次规模较大的关联交易，而控股股东引导下的关联交易、并购、重组等行为往往都是控股股东"掏空"上市公司，侵害中小股东利益，实现控制权私利的主要途径。在上述三方面的综合作用下，政府有强烈的动机和能力干预国有控股上市公司定向增发资产注入行为，并且这种干预还很可能成为上市公司向控股股东（政府）进行利益输送的渠道。

在这基础上，本书进一步分析了中央国有控股上市公司、地方国有控股上市公司和民营控股上市公司中政府干预的差异。本书认为，与地方国有控股上市公司相比，中央国有控股上市公司由于受到媒体、公众更多的关注，而且中央政府更注重产业结构政策层面和央企效益的影响，这使得中央国有控股上市公司定向增发资产注入中受到的政府干预会相对较少。而对于民营控股上市公司而言，地方政府的干预成本显然要高于受其直接控制的地方国有控股上市公司，因此，民营控股上市公司的各类并购重组活动多以市场化行为居多，受地方政府直接影响较弱。因此，综合而言，地方政府干预地方国有控股上市公司定向增发资产注入的比例更高。

另外，本书研究还发现，在地方国有控股上市公司中，控股股东的持股比例越大，地方政府干预的能力越强，地方国有控股上市公司定向增发资产注入的比例也越大。

（2）本书在政府干预理论和利益输送理论基础上，分析了地方政府干预地方国有控股上市公司定向增发资产注入的方式及其经济后果。本书研究发现，当地方国有控股上市公司盈利时，地方政府往往会将一些盈利不佳的非上市国有公司资产注入上市公司，这样有助于这些非上市公司经过重组之后摆脱经营困境，提高持续经营能力，进而推动当地经济的发展，从而实现地方政府的政治目标。而这种干预行为会直接导致盈利的地方国有控股上市公司在定向增发资产注入后，其经营业绩和公司价值下降，造成了地方政府对上市公司的"掏空"。而且，研究发现，盈利越好的地方国有控股上市公司定向增发资产注入的"掏空"现象更严重。另一方面，当地方国有控股上市公司亏损时，地方政府为避免上市公司被"ST"或退市而影响地方经济发展，其有强烈的动机通过定向增发新股向地方国有控股上市公司注入优质资产增强上市公司的持续经营能力并在短期内改善上市公司的财务状况，形成对地方国有控股上市公司的"支持"效应。

（3）本书将制度环境理论纳入地方政府干预地方国有控股上市公司定向增发资产注入的理论分析框架，分析了制度环境对地方政府干预地方国有控股上市公司定向增发资产注入的影响。本书研究发现：①地方国有控股上市公司所处的制度环境越差，则其市场化进程越慢，其资源禀赋、投资环境等经济性条件也越差，这导致地方政府经济发展的压力也越大，地方政府通过资产注入来解决政府"负担"的动机越强。而较差的法律环境、市场化程度、产权保护机制又为政府通过资产注入进行利益输送提供了较为便利的制度环境。因此，当地方国有控股上市公司所处的制度环境越差时，地方政府的干预动机和能力就越大。②对于盈利型地方国有控股上市公司而言，制度环境越差，地方政府向其注入劣质资产的金额和数量也越大，即"掏空"的程度也越大。③对于亏损型地方国有控股上市公司而言，制度环境越差，地方政府向其注入优质资产的金额和数量也越大，即"支持"的程度也越大。

本书的理论与实证研究结论揭示了如下几个问题：（1）尽管我国在不断地推动市场经济体制的建设与完善，但地方政府干预地方国有控股上市公司定向增发资产注入的行为依然存在。（2）地方政府能够干预地方国有控股上市公司定向增发资产注入的原因在于地方国有控股上市公司存在国有股"一股独大"，使其能够以大股东的身份直接干预地方国有控股上市公司定向增发资产注入。（3）我国上市公司资产重组和定向增发新股审批中仍具有较浓的行政色彩，这很容易导致上市公司定向增发资产注入把关不严的情况出现。（4）我国不同地区之间地理位置、国家政策的执行等方面存在较大差异，导致各地区间的制度环境存在一定差异，而制度环境的差异对地方政府干预地方国有控股上市公司定向增发资产注入的经济后果具有重要的影响。

目　　录

第1章

引　言

1.1　研究目的与意义

在股权分置时代，我国上市公司大多采取了剥离非核心资产改制上市模式（吴敬琏，2004），一些地方政府为了促进当地经济发展和提高地方 GDP 水平，往往采取行政手段将原有的国有企业"分拆"一部分优质资产上市。而股权分置改革后，却出现了地方政府通过行政手段将一些非上市资产注入上市公司的热潮。据统计，2006～2016 年，我国证券市场共发生了 846 次地方国有控股上市公司资产注入行为，注入资产金额高达 13330.43 亿元，这其中，上市公司通过向控股股东定向增发新股收购其资产，成为了定向增发资产注入的一种常用方式。而这一资产注入行为是在控股股东控制下进行的一次规模较大的上市公司与控股股东之间的关联交易。关联交易可能成为向控股股东进行利益输送的手段，特别是在法律环境和公司治理机制不完善的情况下，控股股东通过关联交易进行利益输送表现得更为严重（LLSV①，2000；JLLS②，2000；陈信元等，2003；李增泉等，2004）。

　　我国地方政府不仅承担了就业、社会养老、社会稳定等责任（潘红波等，2008），而且对政府官员政绩的评价机制导致了地方官员之间围绕 GDP 增长而进行的"晋升锦标赛"（钱和许，1993③；周黎安，2007）。为了解决当地的就业、社会养老、社会稳定等社会目标，促进当地的 GDP 增长，地方政府有动机干预作为当地经济发展"生力军"的地方国有控股上市公司的经营活动。地方政府既是地方国有控股上市公司的实际控制人，又是地区的公共管理者和经济调控者，地方政府这一"双重身份"使得地方政府与地方国有控股企业形成了一种天然的"血缘关系"，其经济活动受地方政府及官员的目标、意志等的影响更为显著（博伊科等，1996④；施莱弗和魏施尼，1998⑤；林等，1998⑥；法乔等，2006⑦；顾建平和朱克朋，2006；程承坪，2013；章卫东和赵琪，2014），这为地方政府采用行政手段干预地方国有控股上市公司的相关经济活动提供了天然的条件。那么，近年来我国地方国有控股上市公司频发的定向增发资产注入，其背后是否也有地方政府的干预在"如影随

---

①　LLSV 是对 La Porta，Lopez-de-Silanes，Shleifer 和 Vishny 四个著名合作作者的简称，这四个合作者在这个领域做了众多开创性研究，因此这一领域的文献大部分都用这四个人的名称缩写来代表四人。本书也不例外。

②　与 LLSV 类似，JLLS 是对 Johnson，La porta，Lopez-de-Shames 和 Shleifer 四个著名合作作者的简称。

③　Qian，Y.，C. Xu. Why China's Economic Reforms Differ: The M-Form Hierarchy and Entry/Expansion of the Non-state Sector [J]. The Economics of Transition，1993，1（2）：135-170.

④　Boycko M，Shleifer A，Vishny R W. A Theory of Privatisation [J]. Economic Journal，1996，106（435）：309-319.

⑤　Shleifer，A.，R. Vishny. The Grabbing Hand: Government Pathologies and Their Cures [M]. Cambridge，MA: Harvard University Press，1998.

⑥　Lin J Y，Cai F，Li Z. Competition，Policy Burdens，and State-Owned Enterprise Reform [J]. American Economic Review，1998，88（2）：422-427.

⑦　Faccio M，Masulis R W，Mcconnell J J. Political Connections and Corporate Bailouts [J]. Journal of Finance，2006，61（6）：2597-2635.

形"？如果有，地方政府干预地方国有控股上市公司的定向增发资产注入活动的动机是什么？这是本书需要研究的第一个问题。

针对我国上市公司资产注入现象，我国学者进行了大量研究。有学者认为上市公司控股股东资产注入的目的是获得注入资产证券化之后带来的巨大资产增值效应（黄建欢和尹筑嘉，2008；朱国泓和张祖士，2010）；也有的学者认为通过资产注入可以促进上市公司的产业链整合、减少关联交易（刘建勇等，2011）等。但占主流的观点认为上市公司控股股东资产注入的目的是向控股股东进行利益输送。学者们认为我国上市公司定向增发资产注入向控股股东进行利益输送的方式主要有：（1）上市公司利用定向增发将集团公司劣质资产注入上市公司，从而向控股股东进行利益输送（季华等，2010；章卫东和李海川，2010）；（2）在上市公司定向增发新股收购控股股东及其关联股东资产时，控股股东操纵注入资产的评估价格进行利益输送（李姣姣和干胜道，2015）；（3）在上市公司定向增发新股收购大股东及其关联股东资产时，大股东通过盈余管理等方式操纵定向增发的发行价格，向大股东进行利益输送（张鸣和郭思永，2009；章卫东等，2013）。可见这些向控股股东进行利益输送的方式都是"掏空"上市公司的行为。

尽管这些研究将地方国有控股上市公司资产注入中出现利益输送、公司绩效受损的原因归咎于控股股东"掏空"行为。但是，这些研究没有关注到我国地方国有控股上市公司的控股股东是地方政府这一特征。有研究表明，地方政府作为地方国有控股上市公司的控股股东，可以以其控股股东的身份更加便利地干预地方国有控股上市公司的经营行为（法乔等，2006；潘红波等，2008），而地方政府干预公司的经营活动可能是对公司"掠夺"（施莱弗和魏施尼，1998），也可能是对公司"支持"（施莱弗和魏施尼，1998；赵昌文等，2009）。具体表现为，地方政府官员为了实现个人的政治目标，可能要求其控制的国有控股上市公司并购国有控股的亏损型非上市公司，也可能直接向上市公司注入优质资产等来扶持上市公司。那么，在我国，地方国有控股上市公司定向增发资产注入中，地方政府是"支持"还是"掠夺"上市公司呢？在什么情况下地方政府"支持"上市公司，又在什么情况下"掠夺"上市公司呢？这是本书需要研究的第二个问题。

我国不同地区之间地理位置、国家政策等方面存在较大差异（樊纲等，2011）。有研究表明，企业所处地区的经济发展、金融发展及市场化程度等外部制度环境会造成政府干预地方国有控股上市公司的程度存在差异，在市场化程度高、政府干预程度较少的地区，政府很少将其政策性负担转移到上市公司，公司业绩和价值可能更高（钱和温加斯特，1997①；范等，2007②；孙铮等，2005；陈信元和黄俊，2007）。那么，当地方国有控股上市公司定向增发资产注入时，公司所处地区的制度环境差异是否会影响地方政府对地方国有控股上市公司在定向增发资产注入时的"支持"或者"掠夺"行为呢？这是本书需要研究的第三个问题。

到目前为止，国内外学者没有对我国地方政府干预地方国有控股上市公司定向增发资产注入的动机、利益输送机理及其后果进行系统的理论分析和实证检验。本书主要以政府干预理论、制度环境理论等理论为基础，结合我国特殊的新兴市场和转型经济特征，从理论和实证两方面分析和检验地方政府干预地方国有控股上市公司定向增发资产注入的动机及经济后果。并且探究了在不同的制度环境下，这种经济后果是否会发生变化。本书的研究意义主要包括理论意义和实践意义两个方面，具体内容如下：

（1）理论意义：本书通过建立基于地方政府干预下的地方国有控股上市

---

① Qian Y. , Weingast B. R. . Federalism as a Commitment to Perserving Market Incentives [J]. Journal of Economic Perspectives, 1997, 11 (4): 83 – 92.

② Fan, J. P. H. , T. J. Wong, T. Zhang. Politically Connected CEOs, Corporate Governance, and Post - IPO Performance of China's Newly Partially Privatized Firms [J]. Journal of financial economics, 2007, 84: 330 – 357.

公司定向增发资产注入中利益输送的理论研究框架，对地方政府干预地方国有控股上市公司定向增发资产注入的动机及经济后果进行了理论分析和实证研究。该研究的理论价值在于：第一，有助于从地方国有控股上市公司定向增发资产注入的视角拓展和深化政府"支持之手"理论和政府"掠夺之手"理论；第二，有助于从政府干预角度拓展和深化大股东与中小股东的代理理论，形成对地方国有控股上市公司热衷于定向增发资产注入的新解释；第三，有助于从制度环境视角丰富上市公司定向增发资产注入的经济后果的研究文献。

（2）实践意义：本书通过对地方政府干预地方国有控股上市公司定向增发资产注入的动机及经济后果的事件研究，可以揭示地方国有控股上市公司定向增发资产注入时向控股股东利益输送的根源。其实践意义主要体现在：第一，对于证券监管部门而言，由于上市公司定向增发资产注入是近年来才出现的新生事物，通过揭示地方政府干预地方国有控股上市公司定向增发资产注入中产生的利益输送问题，有助于证券监管部门完善上市公司定向增发资产注入的监管制度；第二，对于上市公司而言，通过对地方政府干预地方国有控股上市公司定向增发资产注入的动机和经济后果的研究，可以为上市公司更好地制订定向增发资产注入方案提供参考；第三，对于投资者而言，通过对地方政府干预地方国有控股上市公司定向增发资产注入的动机和经济后果的研究，能够为投资者参与定向增发资产注入的上市公司投资提供了新的启示，进而做出更加科学、合理的投资决策。

1.2 研究主要内容

本书主要研究了地方政府干预地方国有控股上市公司定向增发资产注入动机及经济后果问题。具体来说，我们回答了以下三个问题：一是地方政府干预地方国有控股上市公司的定向增发资产注入活动的动机是什么？二是在什么情况下地方政府"支持"地方国有控股上市公司，又在什么情况下"掠夺"地方国有控股上市公司？三是当地方国有控股上市公司定向增发资产注入时，公司所处地区的制度环境差异是否会影响地方政府对地方国有控股上市公司的"支持"或者"掠夺"行为呢？具体而言，本书研究的主要内容包括：

（1）分析了我国上市公司定向增发资产注入的现状。其中，比较了我国中央国有控股上市公司、地方国有控股上市公司和民营上市公司定向增发资产注入的特点，并且特别归纳了属于定向增发资产注入范畴的地方国有控股上市公司的公司数量以及这些地方国有控股上市公司定向增发资产注入的规模状况。

（2）阐述了地方国有控股上市公司定向增发资产注入的动机和经济后果的理论基础，主要包括：政府干预理论、利益输送理论、定向增发的理论解释、资产注入的理论解释和制度环境的理论解释。并在这些理论的基础上构建了分析地方政府干预下的地方国有控股上市公司定向增发资产注入中利益输送的理论研究框架。

（3）基于地方政府干预下的地方国有控股上市公司定向增发资产注入中利益输送的理论研究框架，分析了地方政府干预地方国有控股上市公司定向增发资产注入的动机，并采用我国上市公司定向增发资产注入的经验数据进行了实证检验。

（4）基于地方政府干预下的地方国有控股上市公司定向增发资产注入中利益输送的理论研究框架，分析了地方政府干预地方国有控股上市公司定向增发资产注入过程中的利益输送的方式、途径及经济后果，并采用我国地方国有控股上市公司定向增发资产注入的经验数据进行了实证检验。

（5）基于地方政府干预下的地方国有控股上市公司定向增发资产注入中利益输送的理论研究框架，分析了制度环境对地方国有控股上市公司定向增发资产注入过程中利益输送的影响，并采用我国地方国有控股上市公司定向增发资产注入的经验数据进行了实证检验。

（6）通过揭示我国地方国有控股上市公司定向增发资产注入中存在的利益输送问题，提出了优化政企关系、完善上市公司定向增发资产注入制度的相关政策建议。

1.3 相关概念界定

（1）定向增发新股。

我国上市公司的定向增发新股（以下简称"定向增发"），实质上是类似于美国等证券市场的私募发行（Private Placement）行为，是指上市公司以非公开发行的方式，以一定的发行价格（通常以一定的折扣率）向特定的投资者增发股票的一种行为。如果对老股东以外的投资者发行将会有新的股东加盟，老股东的持股比例将会降低；如果只对老股东发行将不会增加新股东，但股权结构将发生改变。

定向增发是上市公司的一种增资行为，公司的总股本会增加，但证券管理部门一般都规定投资者所认购的私募发行股份在一定时期内限制出售。定向增发的发行价格一般要在公司股票二级市场股价的基础上打折，根据2008年证监会颁布的我国《上市公司股票发行条例》的规定，证监会对定向增发新股公司审核时没有业绩的要求，定向增发的发行价格可以不低于定价基准日90%的发行，定向增发不需要履行刊登招股说明书、公开询价等程序，因此操作起来相对较简便。而如果采取公开增发、配股则要先刊登招股说明书，然后聘请承销机构，公开询价等必要程序，不但承销费用比定向增发要高，而且操作时间上也要比定向增发要长。此外，证券管理部门对定向增发的审核程序要比公开增发、配股要简单得多，因此定向增发的"门槛"低、审核程序简单。

（2）资产注入。

资产注入也可以称为收购上市公司的资产。本书所指的"资产注入"，是指控股股东及其关联方将其持有的未上市的资产注入到其控制的上市公司中。注入的资产包括其持有的非上市公司的股权及其拥有的实物资产，如土地、矿山等。此处控股股东是指上市公司持股比例第一的实际控制人，它与上市公司大股东、持股比例第一的大股东等概念等同。而控股股东的关联方是指与控股股东存在紧密利益关系的企业，主要包括控股股东的非上市子公司、控股股东的母公司及其子公司、控股股东的重要关联交易方等。

（3）定向增发资产注入。

"定向增发资产注入"是指上市公司通过向控股股东及其关联股东定向增发新股以实现收购上市公司控股股东及其关联股东资产的目的。定向增发资产注入后往往会导致上市公司的股权结构、公司规模、产业链、关联交易等发生重大变化，一般构成上市公司的重大资产重组行为发生。本书研究的定向增发资产注入包括两种形式：一种是控股股东及其关联股东直接以资产认购上市公司定向增发的新股，即资产认购型资产注入；另一种是上市公司通过定向增发募集资金，再以募集的资金收购控股股东的资产，即融资收购型资产注入。这两种情况都是本书要研究的定向增发资产注入行为。

（4）地方国有控股上市公司。

国有控股上市公司是指政府或国有法人股拥有上市公司50%以上股份，或其持有股份比例虽不足50%，但拥有实际控制权或依其持有的股份已足以对股东大会的决议产生重大影响的上市公司。当国有控股比例超过50%时，可以直接控制上市公司，政府或国有法人股成了绝对控股股东；如果低于50%，但是可以对上市公司产生重要影响的，政府或国有法人股是上市公司的相对控股股东。由于我国特殊的经济体制特点，我国证券市场建立之初，其目的就是为国有企业改制而服务的，国有控股上市公司是我国证券市场最重要的组成部分，随着我国市场经济的发展以及国有资本的产业结构调整，国有控股上市公司在证券市场的比重有所下降，但依然是最为重要的组成部分之一。

国有控股上市公司包括中央国有控股上市公司和地方国有控股上市公司。地方国有控股上市公司指通常由地方国资委、地方国有资产管理的集团公司或其他行政机构、部门作为其实际控制人对其进行控制的一类上市公司，但上述这些主体实质上是受地方政府控制的，可以认为是地方政府的"代言人"。在我国，国有控股上市公司不仅承担着一般上市公司的盈利性目标，还需要承担着一部分政府赋予的非盈利性目标（诸如稳定社会、安置就业等政府目标），特别是地方国有控股上市公司，这种问题更为严重，与中央政府相比，我国地方政府财力相对薄弱，而需要承担的就业、社会养老、社会稳定等责任更为突出，而且对政府官员政绩的评价机制导致了地方官员之间围绕 GDP 增长而进行"晋升锦标赛"，这都导致地方政府更为突出地干预地方上市公司的问题，而这其中，地方国有控股上市公司是地方政府实现其目标的主要载体，承担着地方政府的众多责任。

（5）政府干预。

作为经济学研究的核心问题之一，从最早的重商主义经济理论到凯恩斯主义，再到新自由主义经济思潮，政府与市场、企业间的关系始终是学者们热烈讨论、深入探究的焦点问题之一。关于政企关系的大讨论，主要围绕政府与市场各自该如何定位和分工、政府在宏观和微观的经济活动中应扮演怎样的角色等议题进行。政府干预理论认为，既然存在信息不对称、市场不完善等经济现实中不可避免的缺陷，市场在配置资源时不可能面面俱到，仅靠市场并不能实现资源的最有效配置和社会福利最大化，"市场失灵"的现象普遍存在，那么为了及时对市场可能发生的各种失灵、偏差等进行引导和纠正，政府就不能只扮演"守夜人"角色，还应在适当的时机和领域，针对市场中出现的问题，实施必要而适度的干预。总之，政府干预符合市场经济发展的客观规律和内在要求，是市场经济发展中不可缺少的一部分。

关于政府干预企业的概念，西方国家和我国有一定差异。西方国家所理解的政府干预常被称为政府管制或政府规制（Government Regulation）。所谓的管制或规制（Regulation），一般指的是用法律、规章、政策、制度等加以控制和制约，其反义词为放松管制或放松规制（Deregulation）。而很多经济学著作通常将政府规制定义为政府为控制企业的价格、销售和生产决策而采取的各种行为，包括规定产品和服务质量标准、控制和指导定价水平等。政府公开宣布，之所以要对企业实行规制，主要是为了尽可能制止或限制各种忽视、侵犯社会公共利益的私人决策，政府颁布的各项旨在引导、控制或改变企业日常经营活动的规章和法律即属于政府规制①。我国学者余晖（1997）则给政府规制下了一个较为通俗的定义，他认为规制是指政府的许多行政机构，以治理市场失灵为己任，以法律为根据，以大量颁布法律、法规、规章、命令及裁决为手段，对微观经济主体（主要是企业）的不完全公正的市场交易行为进行直接的控制或干预。

然而，我国的现实情况与西方有很大差异，西方所定义的政府规制的概念并不能将我国政府干预企业的行为完全涵盖进来。在我国，政府既是部分企业的所有者，也是企业所在地的总管理者，政府的这种双重身份使得其对企业的干预不仅包含规制的内容，还具有宏观调控的性质。具体而言，政府对某些特殊产业的保护和扶持、政府对产业结构调整的指引等都带有浓厚的宏观调控色彩，而且能对企业行为产生直接或间接的影响。参考安福仁（2000）的研究，政府干预可以定义为：在以市场机制为基础的市场经济条件下，政府主要以宏观间接调控和微观直接干预为手段，通过政策、法律、规

---

① 李江. 企业并购中政府干预的经济学分析 [D]. 上海：复旦大学，2003.

则和制度等载体，规范经济主体的行为，以矫正、改善和补充市场缺陷的活动总称。从这一定义可以看出，凡是能够对企业等经济主体的行为构成影响的政府行为，在广义上都可以被视作政府干预。不过，本书认为，任何事物的发展都要把握一个适当的度，否则要么不到火候，要么过犹不及，政府干预也不例外。按照市场经济理论和实践的规律，政府干预的最主要职责和功能是在市场机制发生偏差或失灵时，政府能及时利用社会民众赋予的行政权力来协调经济秩序，对市场失灵所引发的各种问题进行纠正，帮助市场机制逐步回到正常的运行轨道上来，并使市场更好地发挥作用，这样的政府干预对经济和社会都具有积极影响。一旦政府干预凌驾于市场机制之上，凸显出较强的随意性、偏好性和专制性，使市场功能被人为弱化，就很可能"矫枉过正"，造成过度干预，不仅不能有效解决市场失灵问题，反而会损害市场经济健康发展，降低微观经济主体的运行效率，并使各种负面效应随之而来。

陈信元和黄俊（2007）认为，政府干预更多地体现为政府的政策性目标以及个人私利。对于政府控股的上市公司来说，国有股东掌握上市公司的控制权，政府可以直接或间接干预国有控股上市公司的经营活动，进而使上市公司的经营活动满足政府的目标，如增加就业岗位、增加财政收入、促进社会稳定以及提高 GDP 的增长等。

（6）制度环境。

制度环境（Institutional Environments）是一个相对宽泛的概念，通常而言，是指制度的受众主体所处的外部环境。制度环境的概念有广义与狭义之分。广义的制度环境是指一系列用来建立生产、交换与分配基础的基本的政治、社会和法律基础规则（戴维斯和诺思，1970[①]），它不仅包括一国宪政、

---

① Davis, L., North, D. C. Institutional Change and American Economic Growth: A First Step Toward a Theory of Institutional Innovation [J]. Journal of Economic History, 1970, 30 (1): 131–149.

法律、产权等正式制度环境，也包括了规范、习俗、文化等非正式制度环境，正式制度环境与非正式制度环境两者相互依存、相互补充。而狭义的制度环境包括市场竞争、信用体系、契约文化、产权保护、政府治理、法治水平等方面，这些方面会影响到企业签约及履约的交易成本，进而影响到公司治理的效率，因而一直成为新制度经济学关注的重点。在本书中，借用夏立军和方轶强（2005）的定义，将制度环境理解为公司所面临的外部环境，通常包括政治、经济、文化和法治环境，如市场竞争、政府治理、制度改革、法治水平等方面。

　　对于上市公司而言，其外部的制度环境对上市公司的影响是存在的。以LLSV 为代表的"法与金融"学派在其一系列的开创性研究中创造性的在公司金融研究中引入制度环境这一解释变量，并论证了制度特征对于资本市场、治理结构、公司价值、权益结构和股利政策的显著影响，引起了公司金融学界对制度环境因素的重视。之后，国内外学者对此进行拓展，更广泛地关注市场化程度、文化、法律、信用等环境因素对公司治理的影响。研究普遍显示，完善的制度环境能更好地促进契约的执行，以达到优化配置资源的效果；而不发达的制度环境下，企业会寻求其他替代形式以降低成本和获得资源。特别是在我国，上市公司所处制度环境有两大特点。一是我国制度环境普遍欠发达，更多的地区面对较弱的市场机制、较差的投资者保护，这种情况下，企业会进行寻找其他形式的替代以降低成本、获得资源，其具体形式主要有建立企业集团、增加金字塔层级和发展政治联系。另一个特点则是由于市场化发展水平不一致，导致我国存在区域性制度环境差异，并进而形成了其对上市公司的影响差异。正是因为上述特征，本书着重探讨了制度环境差异下地方政府干预地方国有控股上市公司的影响。

1.4 研 究 方 法

（1）描述性方法和比较分析方法（Descriptive Approach and Comparison Analysis）。本书采用描述性方法和比较分析方法分析了我国上市公司定向增发资产注入的情况，包括符合定向增发资产注入要求的上市公司的数量情况，中央国有控股上市公司、地方国有控股上市公司和民营上市公司定向增发资产注入的规模大小情况。

（2）定性分析方法（Qualitative Analysis）。本书采用定性分析的方法分析了我国地方国有控股上市公司定向增发资产注入的动机，我国地方国有控股上市公司定向增发资产注入进行利益输送的机理，以及制度环境对我国地方国有控股上市公司定向增发资产注入进行利益输送的影响。

（3）实证研究方法（Empirical Study）。本书采用事件研究的方法，选取2006年1月1日~2014年12月31日我国沪、深两市实施了定向增发资产注入的地方国有控股上市公司为研究样本检验了我国地方国有控股上市公司定向增发资产注入中利益输送的动机和经济后果的情况。

1.5 本书的主要创新点

本书通过对我国地方国有控股上市公司定向增发资产注入中利益输送的动机和经济后果的实证研究，取得了一系列的研究结论，本书主要有如下创新点：

（1）深化和拓展了代理理论。现有的代理理论在解释我国上市公司定向增发资产注入中的利益输送问题时，较多的是从大股东代理理论进行解释，忽视了我国地方国有控股上市公司控股股东是地方政府的代理人这一特点，因而没有从政府官员的政治目标和利益方面去分析地方政府干预地方国有控股上市公司定向增发资产注入行为的动机及导致的经济后果。本书基于我国地方国有控股上市公司控股股东的特殊背景，并由此产生的特殊代理问题，分析了我国地方政府对地方国有控股上市公司定向增发资产注入行为和经济后果的影响，从而拓展和深化了现有的代理理论对上市公司定向增发资产注入中利益输送行为的理论解释。

（2）深化和拓展了政府干预理论。政府干预理论尽管建立了政府干预企业，以实现政府官员个人政治目的的一般性理论分析框架。但是，这些理论没有分析政府官员的私利动机是否以及如何影响地方国有控股上市公司定向增发资产注入行为，并由此导致地方国有控股上市公司定向增发资产注入中出现利益输送问题的根源。本书通过深入分析我国地方政府是否以及如何导致地方国有控股上市公司热衷于定向增发资产注入的行为，为公共治理如何影响公司行为问题提供了新的理论和证据，从而拓展和深化了政府干预理论。

（3）深化和拓展了利益输送理论。现有关于利益输送的研究主要是指"掏空"上市公司的行为，因此国内外许多学者关于上市公司在定向增发资产注入中利益输送的研究，主要是指上市公司在定向增发资产注入时控股股东"掏空"的行为。本书认为上市公司在定向增发资产注入时，既存在上市公司向控股股东输送利益的现象，也存在控股股东向上市公司输送利益的现象，并且从理论上分析了在什么情况下向控股股东输送利益，又在什么情况下控股股东向上市公司输送利益，还实证检验了这两种不同利益输送方式的经济后果，从而拓展了利益输送理论及其对上市公司在定向增发资产注入中利益输送的理论解释。

（4）深化和拓展了制度环境理论。现有关于制度环境理论的运用主要用于解释制度环境对国家、地区等经济的影响，以及制度环境对企业投资、融资和企业绩效的影响。本书在分析地方国有控股上市公司定向增发资产注入中出现的利益输送现象时，加入了制度环境这一变量，研究了制度环境对地方国有控股上市公司定向增发资产注入的利益输送的动机及其经济后果的影响，这不仅深化和拓展了制度环境理论的研究，而且丰富了我国上市公司定向增发资产注入利益输送的研究。

1.6　研究结构安排及研究框架

（1）本书的主要结构安排。

本书一共分为八部分。第一部分为引言，主要介绍本书研究的目的和意义，研究的主要内容，研究创新点等内容。第二部分为文献综述，主要对本书研究所需要的文献进行归纳和评述。第三部分为我国上市公司定向增发资产注入的现状分析，主要对我国上市公司定向增发资产注入的基本情况（包括对中央国有控股上市公司、地方国有控股上市公司和民营上市公司）进行了统计描述和分析。第四部分为地方国有控股上市公司定向增发资产注入的动机和经济后果的理论分析，主要通过归纳本书的基本理论，构建了分析我国地方国有控股上市公司定向增发资产注入的动机和经济后果的理论框架，为本书的研究奠定扎实的理论基础。第五部分为地方政府干预地方国有控股上市公司定向增发资产注入动机的实证研究，主要从理论上分析了地方政府具有怎样的动机去干预地方国有控股上市公司的定向增发资产注入行为，并采用我国上市公司定向增发资产注入的样本进行了实证检验。第六部分为地方政府干预地方国有控股上市公司定向增发资产注入与利益输送的实证研究，主要从理论上分析了我国地方政府是如何通过定向增发资产注入对地方国有控股上市公司进行"掠夺"和"支持"的，并采用我国地方国有控股上市公司定向增发资产注入的样本进行了实证检验。第七部分为制度环境对地方国有控股上市公司定向增发资产注入利益输送影响的实证研究，主要从理论上分析了制度环境是如何影响地方政府对地方国有控股上市公司定向增发资产注入进行"掠夺"和"支持"及其经济后果，并采用我国地方国有控股上市公司定向增发资产注入的样本进行了实证检验。第八部分为本书研究的结论及政策建议，主要是对本书的研究进行总结，并提出政策建议。

（2）本书的研究框架。

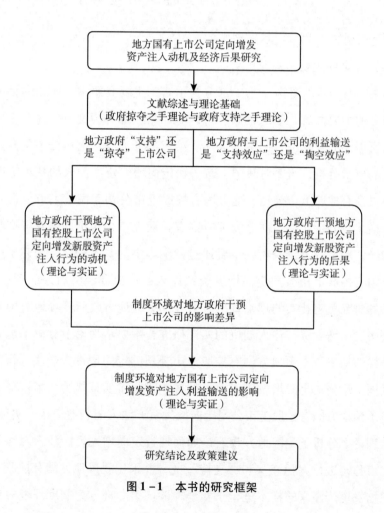

图 1-1 本书的研究框架

第 2 章

文 献 综 述

上市公司定向增发资产注入是近几年来证券市场的"热门话题",学术界对此也开始进行了广泛的研究,而本书则主要基于代理理论、政府干预理论、制度环境理论等相关理论来探讨上市公司定向增发资产注入问题。因此,本书针对政府干预与上市公司定向增发资产注入的相关研究进行了梳理。

2.1 关于地方政府干预上市公司的相关研究

2.1.1 地方政府干预上市公司的动机

作为一种弥补市场缺陷的重要替代机制,政府干预企业在全球是普遍存在的现象(法乔等,2006),但在我国国有控股上市公司中表现得更为严重(樊纲等,2011)。国内外学者就政府为什么要干预其管辖范围内的企业经济活动的动机进行了深入的研究。主要观点如下:

（1）解决政府的政策性负担。

在我国市场经济转轨过程中，虽然地方政府逐步获得了经济自主、财政管理等权力，但同时，诸如地方就业、社会养老、社会稳定等公共目标也就随之落到了地方政府的肩上（林毅夫和李志赟，2004；程仲鸣等，2008；向杨等，2013），并且在市场化进程越慢或 GDP 增长相对业绩表现越差时，地方政府干预地方国企的动机越强（唐雪松等，2010）。

（2）实现政府官员的政治晋升目标。

从委托 - 代理关系来看，作为地方政府的代理人，政府官员不仅会通过政府所有权来追求社会目标，更为重要的是为了满足自身效用最大化的需要，即追求实现自身的政治目标（施莱弗和魏施尼，1994①，1998）。20 世纪 80 年代以后，我国政府官员的选拔和提升标准由过去的纯政治指标变成了经济绩效指标，这些显性指标包括地方 GDP 增长、地方财政收入增长以及就业指标等（刘培林，2005）。这种对政府官员政绩的评价机制导致了地方官员之间围绕 GDP 增长而进行"晋升锦标赛"（布兰查德和施莱弗，2001②；周黎安，2004，2007）。

2.1.2　地方政府干预上市公司的经济后果

政府干预公司的行为必然会影响公司的绩效或价值。目前的研究主要以施莱弗和魏施尼（1994，1998）提出的政府干预"掠夺之手"与"支持之手"理论为基础，从正面影响和负面影响两方面来探讨政府干预对公司绩效

---

① Shleifer, A. , R. Vishny. Politicians and Firms [J]. Quarterly Journal of Economics, 1994, 109: 995 - 1025.

② Olivier Blanchard, Andrei Shleifer. Federalism with and without Political Centralization: China Versus Russia [J]. IMF Economic Review, 2001, 48 (1): 171 - 179.

或价值的影响。

（1）政府干预对公司绩效或价值的负面影响。

夏立军和方轶强（2005）在樊纲和王小鲁（2003）编制的中国各地区市场化进程数据的基础上，构建了我国各地区的公司治理环境指数，发现政府控制对公司价值会产生负面影响，当公司受市级和县级政府控制时，政府控制所产生的负面影响程度更为显著，但公司所在地的公司治理环境越完善，越有利于减轻政府控制对公司价值的负面影响。陈信元和黄俊（2007）从多元化经营的视角出发，探讨了政府干预与国有上市公司绩效的关系，发现国有上市公司进行多元化经营的主要目的是满足政府的政治目标和社会治理需要，但最终会造成公司绩效的下降；当国有上市公司处于政府对经济干预程度越严重的地区时，实施多元化经营后公司绩效下降的现象越明显。张功富（2011）研究了政府干预对我国上市公司投资效率的影响。结果表明，政府干预会加剧上市公司的过度投资，导致上市公司过度投资后公司业绩下滑，而在国有上市公司，这种现象比非国有上市公司更为严重，从而进一步验证了政府"掠夺之手"的存在。苏坤（2012）以我国国有和民营上市公司作为研究样本，发现政府干预显著损害了公司业绩，并且民营上市公司比国有上市公司更需要一个健康的制度环境来保护公司业绩。赵卿（2013）从地区政府干预、法治和金融发展等方面探讨了地方政府控制的国有上市公司的过度投资问题。结果表明，地方政府干预是国有上市公司投资行为的一个主要影响因素，其影响程度强于法治和金融发展对公司投资行为的影响，并且地方政府干预越多，国有上市公司的过度投资及由此带来的公司绩效下降等问题更加严重。章卫东等（2015）认为地方国有控股上市公司所在地的政府干预程度越高，资产注入后的公司绩效越差。覃家琦和邵新建（2015）以 2007 ~ 2011 年的平衡面板数据为研究样本，发现相对于中国纯 A 股公司，中国 H + A 交叉上市公司由于受到更多的政府干预而具有更低的资本配置效率和更低的公司价值。

（2）政府干预对公司绩效或价值的正面影响。

尽管多数研究都认为政府干预对公司绩效或价值所产生的负面后果更为显著，但有些学者认为政府干预有时也会对公司绩效或价值产生正面的影响，即表现为"支持之手"效应。例如，政府补贴是政府干预企业的一种常见手段，泽列皮斯和斯库拉斯（2004）① 以希腊公司为研究对象，发现公司接受来自政府的投资补贴后，产生了大量自有现金的流入，使得公司偿债能力得到提升，提高了公司绩效。范黎波等（2012）发现，政府补贴对我国农业上市公司的绩效及多元化后的经营效率等具有较明显的促进作用。陈艳利等（2015）发现政府干预程度与困境企业的经营绩效正相关，并且对国有企业干预的效果弱于民营企业。

2.1.3　制度环境对地方政府干预企业的影响

很多研究表明（施莱弗和魏施尼，1994，1998；赫尔曼等，2003②），制度环境是政府干预企业经营活动程度的重要外部约束力量。一般来说，制度环境主要包含了市场化程度、法治化水平及金融发展水平这三方面③。目前，我国正处在经济转型时期，市场经济的体制尚不完善，各地区的经济发展、金融发展及市场化程度等企业外部制度环境存在相当大的差异（樊纲等，

---

① Tzelepis D, Skuras D. The effects of regional capital subsidies on firm performance: an empirical study [J]. Journal of Small Business & Enterprise Development, 2004, 11 (1): 121 – 129.

② Hellman J S, Jones G, Kaufmann D. Seize the state, seize the day: state capture and influence in transition economies [J]. Journal of Comparative Economics, 2003, 31 (4): 751 – 773.

③ 需要说明的是，市场化程度、法治化水平及金融发展水平等制度环境要素相互之间并不是完全独立的，上述三个要素相互之间会有影响。一般来说，市场化程度较高的地区，其法治化水平、金融发展水平相对较高。但这并不是绝对对等的，因此，在进行文献梳理时，我们还是按照上述三个方面来回顾制度环境对政府干预企业程度的影响。

2011）。这种制度环境的差异造成政府干预企业的程度存在差异（余明桂和潘红波，2008）。

（1）市场化程度对政府干预企业程度的影响。LLSV（1997，1998，2000）在其一系列开拓性文章中指出，市场化程度不高的国家，特别是新兴市场国家，政府在经济运行中控制的资源最多，更容易渗透到经济运行的各个方面，对市场具有很强的干预和控制能力。相较市场经济程度高的国家，我国地方政府干预行为更为突出和严重（宋艳伟，2008）。余明桂和潘红波（2008）也认为政府干预经济活动的现象在许多国家，特别是在转型经济国家，是广泛存在的。例如，在经济转型过程中，大量的银行信贷被配置到生产效率低下的国有企业，而具有活力的新兴企业则相对缺乏信用支持（伯格洛夫和博尔顿，2002[1]）。弗莱德曼等（2002）[2] 针对捷克、匈牙利和波兰的研究也发现，银行对具有政府背景的企业往往存在金融软约束，而且软约束不仅体现在事前的签约，还表现在事中的监督与控制以及事后的契约执行。

樊纲等（2011）致力于对中国不同区域的市场化进程进行调查研究，并连续发布了一系列《中国市场化指数》研究报告，研究报告从政府与市场的关系、非国有经济的发展、产品市场的发育、要素市场的发育、市场中介组织发育和法律制度环境五个方面对中国各个省级行政区域的市场化程度进行了比较后发现，由于政策、地理、交通、历史等因素的影响，不同区域的市场化进程有明显的差异。在某些省份，特别是沿海省份，市场化已经取得了决定性进展；而在中西部地区，经济发展水平较低，地方政府的干预程度更大（王珏等，2015）。

---

① Erik Berglof, Patrick Bolton. The Great Divide and Beyond：Financial Architecture in Transition ［J］. Journal of Economic Perspectives，2002，16（1）：77－100.

② Frydman R.，Gray C.，Hessel M.. 约束的界限——转轨经济学中的所有权和硬预算约束［J］. 经济社会体制比较，2002（6）：42－51.

　　许多学者研究发现，市场化程度越高的地区政府干预企业越少。陈凌云等（2011）、李文贵和余明桂（2012）均指出，市场化程度越高，政府干预市场越少的地区，政府功能由"干预型"向"服务型"转换得越快，对企业行为的干预也越少，意味着行政计划的减少甚至退出，经济资源将更多由市场来分配。此时，政府向国有企业施加的政治压力将显著降低，国有企业不再承担过多的社会或政治目标，这有助于企业更多地关注自身的经营效率，追求企业价值的最大化，降低企业的风险规避程度。并且市场化进程的提高，使得国有企业主要面对的是激烈的市场竞争，这增加了政府干预的成本，同时政府官员受到的约束也会越强，地方政府对国有经济的依赖程度较低，这些都会削弱政府对企业的干预程度。此外，在市场化程度更高的地区，要素市场和产品市场更激烈的竞争也可能迫使国有企业在没有变更产权性质的情况下提高经营效率（梅吉森和奈特，2001①），一方面，竞争可能发挥激励机制的替代性作用，促使国有企业管理者减少偷懒行为，降低窃取私有利益的动机；另一方面，竞争本身还可能通过信号传递的作用，使国有企业的外部股东更清楚地了解企业的成本和管理层努力程度的信息，成为监督程序的替代性机制。孙铮等（2005）通过对政府干预与长期借款的关系的实证研究，证明了市场化程度高、政府干预少的地区的上市公司的长期借款占总借款的比重较低。夏立军和方轶强（2005）的研究也显示，地区的市场化程度越低，政府干预程度越高，同时，受政府控制的上市公司比非政府控制的上市公司具有更低的价值。

　　（2）法治化水平对政府干预企业程度的影响。LLSV（1998）创造性地开创了"法与金融"研究领域，发现法律对投资者的保护程度，对于投资者的

---

　　① Megginson, W., J. Netter. From State to Market: a Survey of Empirical Studies on Privatization [J]. Journal of Economic Literature, 2001, 39: 321 – 389.

投资行为具有重要影响，进而影响地区的金融发展水平。此后，越来越多的研究表明，法律是市场发展的一个重要决定因素（莱文，1998①，1999②；德贾科夫等，2010③）。企业的财务行为通常依赖于其所在国家或地区的法律和司法效率、产权保护、金融体系等制度因素（余明桂和潘红波，2008）。克莱森和莱文（2003）④ 及贝克等（2005）⑤ 的研究表明，廉洁的政府、高效的法律和司法体系、发达的金融体系对于企业获得外部融资和扩大投资具有重要作用。但是，在转型经济和很多发展中国家（包括中国），法律体系较弱，司法独立性较低使得政府常常干预司法部门的独立运行（艾伦等，2005⑥），导致政府可能通过频繁地施加不必要的管制手段来干预甚至掠夺企业（JLLS，2000；赫尔曼等，2003），政府有权力向企业罚款，甚至随意终止其生产活动，严重阻碍企业的发展和经济增长，这种行为被描述成"掠夺之手"（弗赖伊和施莱弗，1997⑦；施莱弗，1997⑧；施莱弗和魏施尼，1998）。

就我国而言，经济转型是在一个缺乏有效的法治化水平来限制政府侵害

---

① Levine, R. The Legal Environment, Banks, and Long – Run Economic Growth [J]. Journal of Money, Credit and Banking, 1998, 30 (3): 596 – 613.

② Levine R. Law, Finance, and Economic Growth [J]. Journal of Financial Intermediation, 1999, 8 (1 – 2): 8 – 35.

③ Djankov S, Mcliesh C, Shleifer A. Private credit in 129 countries [J]. Journal of Financial Economics, 2010, 84 (2): 299 – 329.

④ Claessens S, Laeven L. Financial Development, Property Rights, and Growth [J]. Journal of Finance, 2003, 58 (6): 2401 – 2436.

⑤ Beck T., Demirguec – Kunt A., Maksimovic V. Financial and Legal Constraints to Growth: Does Firm Size Matter? [J]. Journal of Finance, 2005, 60 (1): 137 – 177.

⑥ Allen F, Qian J, Qian M. Law, finance, and economic growth in China [J]. Journal of Financial Economics, 2005, 77 (1): 57 – 116.

⑦ Frye, T., A. Shleifer. The Invisible Hand and the Grabbing Hand [J]. American Economic Review, 1997, 87: 354 – 358.

⑧ Shleifer, A. Government in transition [J]. European Economic Review, 1997, 41 (3 – 5): 385 – 410.

企业的环境中进行的（车和钱，1998①），虽然我国所有地区执行全国范围内颁布的法律条款，但同一法律条款在各地区的执行力度和效果并不同（白重恩等，2005），这是由于我国地区间法律发展水平是参差不齐的。有数据显示，我国各地区在地方立法、诉讼、律师和法学教育水平上存在巨大差距（朱景文，2007）。法律实施的差别决定了地区间法律约束力的差别，包括对地方政府干预的约束力差别，最终体现在保护产权、维护契约的水平上的差别（宋艳伟，2008）。余明桂和潘红波（2008）认为，地区法治水平间的差异会影响到企业获得的银行贷款规模和期限，其主要原因是地方政府有很强的动机和能力干预银行（尤其是地方银行）的信贷决策，示意银行为国有企业提供较多的贷款支持。而法治水平的发展可以减少地方政府干预给国有企业带来的贷款支持效应。宋艳伟（2008）、马连福和曹春方（2011）等学者也认为，法治水平的提高可以有力地约束地方政府的干预行为，地方政府要想干预企业必须跨越强劲的市场规律和良好的产权保护，干预难度增大，因此企业更多地能从自身出发做出决策。另一方面，法治水平的提高会带来良好的产权保护，使得政府、股东和公司管理层都关注企业价值最大化（范等，2007），这种目标一致性不仅能降低政府与企业间由于目标不一致产生的政治成本，同样也能降低大股东和小股东以及股东和经理层之间的代理成本，使得公司的决策更加科学。

（3）金融发展水平对政府干预企业程度的影响。20 世纪 90 年代以来，政治关系及政府干预对企业融资行为的影响逐渐得到了国内外学者们的重视。国外学者大多探讨了一国的法治水平、金融体系发展水平对政府干预企业的融资行为的影响，以及企业通过建立政治关系的方式弥补法制与金融体系制度缺陷

---

① Che J, Qian Y. Institutional Environment, Community Government, and Corporate Governance: Understanding China's Township - Village Enterprises [J]. Journal of Law Economics & Organization, 1998, 14 (1): 1 - 23.

来获取金融支持。LLSV（2002）认为，在人均收入水平低、政府效率低、产权保护弱且金融系统落后的国家，政府所控股的银行产权比例更高，以便更好地为当地企业提供信贷支持。范等（2007）认为，对于金融体系发展落后法治水平越低和政府干预越严重的国家（地区），企业越难在市场化的基础上获得信贷资源，因而不得不更多地依赖于非正式的政治关系来获得银行贷款。

在我国也有学者研究我国金融发展水平与政府干预企业行为程度的关系。由于我国地区经济发展不平衡，地区间金融体系发展也存在差异。在银行体系较落后的地区，银行的独立性相对较低，其信贷决策更容易受到地方政府的干预，当地政府通过政府干预帮助企业获得信贷资源的动机也就较强（冯涛等，2010），所以当地企业越能够获得较多的银行贷款和较长的贷款期限（李彬和苏坤，2013）。相反，在银行体系较发达的地区，政企分开程度相对较高，银行的独立性相对较高，当地政府对银行的信贷决策的干预相对比较困难，政府对企业经营和银行借贷行为的干预程度相对较低（沈红波等，2011）。在这种情况下，银行更多地基于经济原则而不是地方政府的干预进行信贷决策，银行与企业之间可以更加自由地达成贷款契约（余明桂和潘红波，2008；王珏等，2015）。

2.2 关于上市公司利益输送的相关研究

2.2.1 利益输送产生的原因

利益输送（Tunneling）最早是由 JLLS（2000）提出的，它被用于描述企业的控制者或内部人为了个人私利将企业的资产和利润转移出去，构成对少数股东或外部人利益的侵占行为。关于利益输送产生的原因要归咎于所有权与经营权分离带来的代理问题。学术界关于现代企业性质以及委托代理问题的研究则起源于伯利和米恩斯（1932）① 的开创性的研究。他们认为现代企业最显著的特征就是所有者（股东）和经营者身份的截然分离，由于经营者常常会追求其个人利益的最大化，由此便导致了委托代理冲突。正式对股东与经理利益冲突这一委托代理问题的研究始于詹森和麦克林（1976）②，他们详细分析了外部股东与经理人的行为冲突，并提出了"代理成本"的概念。自詹森和麦克林（1976）后，许多学者对股东与经理利益冲突这一委托代理问题进行了一系列研究（法玛，1980③；法玛和詹森，1983④；施莱弗和魏施尼，1986⑤；古若斯曼和哈特，1986⑥ 等）。从 20 世纪 90 年代后期开始，代理理论突破传统代理理论的研究局限，开始关注所有者之间的利益冲突，而不再局限于所有者与经营者之间的代理冲突以及双方的利益协调机制。这一时期的研究始于人们对伯利和米恩斯（1932）广泛持股假设的质疑。西方国家发达的资本市场容易给人造成一个直观的印象：股权分散的模式在上市公司中比较盛行。但大量研究表明，股权分散的模式并不是广泛存在的，股权集中是很多市场的主要特征，即使是美国企业也存在一定程度的所有权

① Berle, Adolph A., Gardiner C. Means. The Modern Corporation and Private Property ［M］. The Mc-Millan Company, New York, 1932.

② Jensen, M., W. Meckling. Theory of the firm: Management behavior, agency costs, and ownership structure ［J］. Journal of Financial Economics, 1976, 3 (4): 305－360.

③ Fama, Eugene F. Agency Problems and the Theory of the Firm ［J］. Journal of Political Economy, 1980, 88 (2): 288－307.

④ Fama E F, Jensen M C. Separation of Ownership and Control ［J］. Journal of Law & Economics, 1983, 26 (2): 301－325.

⑤ Shleifer, A., R. Vishny. Large Shareholders and Corporate Control ［J］. Journal of Political Economy, 1986, 94 (3): 461－488.

⑥ Grossman, S. J., O. D. Hart. The Costs and Benefits of Ownership: A theory of Vertical and Lateral Integration ［J］. Journal of Political Economy, 1986, 94 (4): 691－719.

集中现象（施莱弗和魏施尼，1986；默克等，1988①；霍尔德内茨和希恩，1988②）。全球大多数国家如德国、日本、意大利、东南亚国家以及我国的企业所有权都比较集中（克莱森等，2000③；法乔和郎，2002④），特别是在一些欠发达地区如东南亚国家以及我国企业股权更加集中（LLSV，1998；何浚，1998；张红军，2000）。因此，从全球而言，企业股权集中是更为普遍的现象（施莱弗和魏施尼，1997⑤）。

在股权集中的情况下便会产生大股东与小股东的代理问题，这种代理问题的存在会导致大股东通过"隧道效应"损害中小股东的利益。国外学者LLSV（1999）对 27 个发达国家上市公司的股权结构进行分析发现：控股股东通过支付高额管理层薪酬、支付高红利、关联交易、关联担保、内部人控制、不独立的监管机构、承担过高监督成本等手段，最终达到将上市公司利益转移到自己名下的目的。伯特兰等（2002）⑥ 研究了印度资本市场发现：大股东会通过非经常性项目（Non-operating Earnings Items）从现金流权比例低的公司向现金流权比例高的公司转移利益，发生大股东利益侵占行为越少的公司，其股票的市净率和市盈率就会越高。沃尔平（2002）⑦ 以意大利上

---

① Morck R., A. Shleifer, R. W. Vishny. Management Ownership and Market Valuation [J]. Journal of Financial Economics, 1988, 20 (1 - 2): 293 - 315.

② Clifford G. Holderness, Dennis P. Sheehan. The Role of Large Shareholders in Publicly Held Corporations: An Exploratory Analysis [J]. Journal of Financial Economics, 1988 (20): 317 - 346.

③ Claessens, S., S. Djankov, L. H. P. Lang. The Separation of Ownership and Control in East Asian Corporations [J]. Journal of Financial Economics, 2000, 58 (1 - 2): 81 - 112.

④ Faccio M, Larry H. P. Lang. The Ultimate Ownership of Western European Corporations [J]. Journal of Financial Economics, 2002 (65): 365 - 395.

⑤ Shleifer, A., R. Vishny. A Survey of Corporate Governance [J]. Journal of Finance, 1997, 52 (2): 737 - 783.

⑥ Bertrand M, Mehta P, Mullainathan S. Ferreting out Tunneling: An Application to Indian Business Groups [J]. The Quarterly Journal of Economics, 2002, 117 (1): 121 - 148.

⑦ Volpin, P F. Governance with poor investor protection: evidence from top executive turnover in Italy [J]. Journd of Financial Economics, 2002, 64 (1): 61 - 90.

市公司为研究对象，研究发现：当上市公司存在绝对控股人，或者当控股股东又兼为公司高层管理者时，控股股东对中小股东的利益侵占程度显得最严重。

国内学者李增泉等（2004）发现控股股东占用上市公司的资金比例与控股股东的股权比例之间存在着非线性（倒"U"型）关系，证明了在一定范围内上市公司股权越集中，控股股东占用上市公司资金行为越强烈。刘峰和贺建刚（2004）对中国上市公司的高派现行为进行了研究，研究发现：当控股股东持股比例较高时，更倾向于利用关联交易、关联担保、高额派现等方式进行利益输送；当控股股东持股比例较低时，更倾向于利用资产或者股权方式转移资金、直接占用或者挪用上市公司资金等方式实现利益输送，结果证明了控股股东的股权比例对于其利益输送行为和方式具有重大影响。王俊秋（2006）得到了大股东持股比例与大股东隧道挖掘行为呈显著倒"U"型关系的结论，并给出了降低股权集中度来抑制大股东的隧道挖掘行为、缓解大小股东的代理冲突的建议。

2.2.2　控股股东利益输送的方式

由于控股股东与中小股东利益的不一致性，在公司股权集中的情况下，易导致控股股东凭借其在公司的控制权通过关联交易、并购等手段侵占公司中小股东的利益。通过总结学者们关于控股股东利益输送的研究文献，发现控股股东利益输送的主要方式有：

（1）通过关联交易进行利益输送。对关联交易的相关研究比较丰富，学者们不但发现了控股股东利用关联交易进行利益输送的证据，还发现市场对此行为有负面反应。LLSV（2000）和JLLS（2000）的案例研究表明，关联交

易是最频繁、也最容易被利用来进行利益输送的手段。康纳（2000）① 发现，
当控股股东与上市公司可以通过企业集团的方式进行关联交易时，更容易实
现对上市公司的侵占。简和王（2003）② 通过对我国上市公司关联交易的研
究发现市场至少能够在一定程度上预期到利益输送行为。丹尼斯和麦克奈尔
（2003）③ 发现在司法体系不尽完善的国家，公司的控股股东不仅可以委派管
理人员，还可以通过关联交易的方式掏空上市公司。张等（2006）④ 利用
1998～2000 年中国香港上市公司的关联交易数据证实了小股东的利益受到了
侵占。戈登等（2004）⑤ 考察了美国的 1261 家上市公司，结果发现企业价值
与关联交易的次数和金额显著负相关，为控股股东利用关联交易掏空上市公
司提供了经验证据。刘峰等（2004）通过对五粮液利用多种手段向控股股东
利益输送的研究发现，在 6 年间五粮液上市公司向控股股东利益输送达 35 亿
元。随后，刘峰和贺建刚（2004）对我国上市公司利用资产重组等关联交易
向控股股东进行利益输送进行了实证检验，他们研究发现，控股股东利益输
送行为与股东性质、投资者对上市公司长期前景预期及上市公司会计业绩之
间存在显著相关性。陈晓和王琨（2005）发现企业集团形式的控股股东比非
企业集团形式的控股股东更可能通过关联交易进行利益输送。蔡宁（2015）
发现，国有企业控制的上市公司更可能进行产品购销和资产购销两种形式的
关联交易，而民营企业控制的上市公司则更可能进行股权方面的关联交易。

①　Khanna T. Business groups and social welfare in emerging markets：Existing evidence and unanswered questions ［J］. European Economic Review，2000，44（4 - 6）：748 - 761.

②　Jian，M.，T. J. Wong. Earnings Management and Tunneling through Related Party Transactions：Evidence from Chinese Corporate Groups ［D］. EFA 2003 Annual Conference Paper，No. 549，2003.

③　Diane K. Denis，John J. McConnell. International Corporate Governance ［D］. Finance Working Paper，No. 05，2003.

④　Cheung，Y.，P. R. Rau，A. Stouraitis. Tunneling，Propping，and Expropriation：Evidence from Connected Party Transactions in Hong Kong ［J］. Journal of Financial Economics，2006，82（2）：343 - 386.

⑤　Elizabeth A. Gordon，Elaine Henry，Darius Palia. Related Party Transactions：Associations with Corporate Governance and Firm Value ［D］. EFA 2004 Maastricht Meetings Paper，No. 4377，2004.

张等（2007）① 采用我国上市公司 2001～2002 年的关联交易数据，通过对上市公司在关联交易窗口的累计超常收益的研究发现，地方政府对其控制的上市公司进行掏空会导致公司价值下跌，下跌额平均为关联交易价值的 45%。高和克林（2008）② 揭露了我国上市公司大量的利益输送行为，4% 的总资产通过关联交易被盗用。

（2）利用并购进行利益输送。裴等（2002）③ 考察了韩国集团企业并购中的"掏空"问题，发现中小股东在并购中受到损失，而控股股东在并购中得到利益。李善民和陈玉罡（2002）对上市公司购并的财富效应进行实证，研究发现上市公司购并双方在购并区间内存在利益非均衡问题。而李增泉等（2005）以 1998～2001 年间我国资本市场发生的 416 起上市公司并购非上市公司事件为样本，发现当公司具有配股或避亏动机时控股股东或地方政府会进行支持性并购，而无"保配"和"保壳"动机时进行的并购往往为掏空性并购。他们的实证结果还表明，支持性并购短期内能够显著提升公司的会计业绩，掏空性并购则会损害公司价值。

（3）利用股利分配进行利益输送。法乔等（2001）④ 以西欧五个市场和东亚九个市场的大型关联集团公司为样本，通过比较欧洲和亚洲国家上市公司的派现行为和控股股东对小股东的侵占程度，结果发现欧洲公司派现要显

---

① Yan - Leung Cheung, Lihua Jing, Aris Stouraitis, P. Raghavendra Rau. How Does The Grabbing Hand Grab? Tunneling Assets from Chinese Listed Companies To The State [D]. City University of Hong Kong working paper, 2007.

② Gao L. , Kling G. Corporate governance and tunneling: Empirical evidence from China [J]. Pacific - Basin Finance Journal, 2008, 16 (5): 591 - 605.

③ Bae K H, Kang J K, Kim J M. Tunneling or Value Added? Evidence from Mergers by Korean Business Groups [J]. Journal of Finance, 2002, 57 (6): 2695 - 2740.

④ Mara Faccio, Larry H. P. Lang, Leslie Young. Dividends and Expropriation [J]. American Economic Review, 2001, 91 (1): 54 - 78.

著高于亚洲公司，这降低了控股股东的侵占程度。李和肖（2002）① 研究认为我国上市公司现金股利与自由现金流量之间不相关，并提出了"利益输送"假说，他们认为上市公司发放现金股利可能是大股东侵占小股东利益的手段。陈信元等（2003）通过对佛山照明高额现金股利现象的案例研究。他们认为市场对佛山照明高额现金股利发放反应冷淡的原因是投资者认为该公司派发高额现金股利的目的是控股股东恶意套现。即佛山照明高额现金股利发放是向控股股东进行利益输送。肖珉（2005）研究发现，我国上市公司发放现金股利不是为了减少冗余资金，而是与大股东套取现金的企图有关，研究结果与"利益输送"假说相符。唐清泉和罗党论（2006）认为现金股利发放在中国上市公司中是作为控股股东利益输送的一种重要手段，对此的实证结果表明大股东的持股比例与公司发放现金股利的多少呈明显正相关关系；第二大股东和第三大股东不能对大股东利用现金股利转移现金进行监督。余明桂和夏新平（2004）通过对我国 732 家上市公司 1998～2002 年的股利分配数据的研究，发现控股股东持股比例越高，分配现金股利的动机越强。并认为控股股东主导的股利政策可能是一种恶性股利分配，存在向控股股东进行利益输送、侵害小股东利益的可能。

（4）利用股权再融资进行利益输送。与国外公司不同，我国上市公司控股股东具有强烈的股权再融资偏好，究其原因，学者们认为这主要是因为股权融资可以作为利益输送的渠道，为控股股东带来利益。李康等（2003），李志文和宋衍蘅（2003）以国有企业为研究对象，认为国有股东的控股地位使得控股股东可以从股权融资中获利，因此他们偏好股权融资。吴江和阮彤（2004）发现股权融资是一种利益输送机制，可以为非流通股股东带来超额的

---

① Lee C W J, Xiao X. Cash Dividends and Large Shareholder Expropriation in China ［D］. working paper, Tsinghua University, 2002.

融资回报，而这种利益输送机制是由当时我国的股权分置结构所形成的。张祥建和徐晋（2005）认为我国上市公司股权再融资偏好的根本原因在于控股股东可以通过利益输送行为获得中小股东无法得到的隐性收益。王乔和章卫东（2005）认为股权分置时代我国上市公司股权再融资偏好的根本原因，是因为上市公司股权再融资可以迅速提高上市公司的每股净资产，在控股股东持有的股份不能流通的情况下控股股东的财富可以迅速提高，并且控股股东持有股份越多，控股股东获得的财富越多。

（5）通过控股股东资金占用进行利益输送。对于资金占用，学者们主要关注于资金占用的影响因素。李增泉等（2004）研究了控股股东资金占用与所有权结构的关系，他们发现控股股东占用资金与第一大股东持股比例之间存在先正向后反向的倒"U"型关系，而与其他股东的持股比例则存在严格的负相关关系。周中胜（2007）发现上市公司所处地区的治理环境与控股股东的资金侵占行为显著相关，所处地区的市场化进程越快、政府对企业的干预程度越低，则控股股东资金侵占程度越低。

（6）利用盈余管理手段进行利益输送。刘俏和陆洲（2004）发现我国上市公司在控制股东谋求自己利益的前提下，会进行盈余管理以对公司资源实行利益输送。蒋义宏和魏刚（1998）通过对 ROE 分布的检验，发现我国上市公司在配股前会通过盈余管理操纵公司的业绩，使上市公司的 ROE 达到配股的标准。陈小悦等（2000）发现即将达到配股资格的配股公司其操控性应计利润较高，他们认为上市公司是为了获取配股权而进行了盈余管理。黄新建和张宗益（2004）则发现配股公司在配股前进行了盈余管理，且盈余管理程度与配股后公司的业绩负相关。孙铮和王跃堂（1999）、陆宇建（2002）等还发现，上市公司有很强的动力将 ROE 维持在配股资格线 10% 或 6% 以上。控股股东利用盈余管理来达到再融资的目的是因为在配股、公开增发中控股股东可以获得直接的利益，因此，再融资中控股股东进行盈余管理的目的是向控股股东利益输送。

（7）通过投票权与现金流权的分离进行利益输送。克莱森等（2000）发现，在亚洲国家，交叉持股和金字塔式的所有权结构比较常见，其所有权安排的一个结果就是控股股东可以以更小的资本代价获得更多的控制权。控股股东在使用金字塔结构和交叉持股的方式造成现金流量权和控制权的分离后，当他们直接担任或委派公司的高级管理者，或当法律对小股东的保护不到位时，这种利益输送行为更为严重（LLSV，1999）。

2.3　上市公司定向增发资产注入中利益输送的相关研究

由于我国上市公司定向增发资产注入是在股权分置改革之后才发生的现象，所以关于我国上市公司定向增发资产注入的研究文献较少，这些研究主要集中在如下几方面：

（1）上市公司定向增发资产注入的动机。学者研究发现我国上市公司定向增发资产注入的主要动机有：第一，资产证券化后的增值收益。黄建欢和尹筑嘉（2008）、朱国泓和张祖士（2010）等认为控股股东向上市公司注入资产的主要动因是谋求资产注入后的流动性提升及市值的迅速增加，从而获得巨大股票增值效应，该效应远远超过"隧道挖掘"带来的收益，使得其实施资产注入的积极性大大提高。实证分析也表明：通过资产注入，上市公司控股股东普遍获得较高的超额收益，且获得了较大幅度的流动性溢价（尹筑嘉等，2009）。第二，整合产业链的需要。上市公司向控股股东定向增发新股收购其资产，其原未上市的存续资产得以上市，实现控股股东与上市公司之间内部产业链的垂直整合，从而使上市公司能够形成完整的产业链条，大量减少上市公司与大股东之间的关联交易与同业竞争，实现产业链的延伸与拓展，壮大企业规模，实现规模经济（王志彬和周子剑，2008；刘建勇等，2011）。第三，注入资产产生的协同效应。控股股东以资产认购上市公司定向增发的股票，进而实现将资产注入上市公司后，涉及上市公司的资产、生产、营销、管理等不同环节的整合，加上控股股东注入的资产大多与上市公司业务紧密相关，因此控股股东资产注入能产生一系列的协同效应，包括管理协同效应、经营协同效应与财务协同效应，可以提升上市公司质量和盈利能力（唐宗明等，2010；刘建勇等，2011）。第四，达标需求。在我国，证券市场监管部门设立了一系列的"明线标准"来对业绩较差的上市公司实施特别处理（ST）或特别转让（PT），以及对上市公司的再融资行为进行限制。因此，当上市公司存在着避免被特别处理的动机，以及获得再融资资格的需要（即"达标需求"）时，上市公司及其控股股东就有动力采用安排各种交易的方式或者直接对上市公司进行资源支持使其能够达到监管部门要求的明线标准。而定向增发新股收购控股股东资产可使上市公司的会计利润大幅提高，进而达到帮助上市公司实现扭亏或者避亏的目的，满足达标需求（刘建勇等，2011）。第五，获取私人收益。由于定向增发新股收购控股股东资产本身是一项上市公司与控股股东的重大关联资产交易，为了实现自身利益最大化，控股股东有可能通过虚增注入资产价值或注入劣质资产来获取私人收益。张祥建和郭岚（2008）认为由于控股股东与中小股东之间严重的信息不对称导致控股股东具有虚增注入资产价值的强烈动机，控股股东通过虚增注入资产的价值实现了对中小股东财富的掠夺效应（王明旭，2006），导致上市公司资本配置效率、公司价值、声誉和后续融资能力下降。朱红军等（2008）以驰宏锌锗（600497）为案例研究对象以及章卫东和李海川（2010）从大股东与中小股东的代理理论视角也发现控股股东存在向上市公司注入劣质资产进行利益输送的现象。

（2）上市公司定向增发资产注入中利用操纵发行折价进行利益输送。国外学者的研究没有涉及我国上市公司定向增发的这些问题，国内只有少数学者注意了定向增发的定价基准日与折价率的关系，并认为中国证监会关于上市公司定向增发定价基准日的制度规定给控股股东留下了操纵定向增发发行价格的空间（黄建中，2007），也有一些学者发现，上市公司定向增发的折价水平可能成为向控股股东转移财富的手段（张鸣和郭思永，2009），但他们没有研究定向增发新股收购控股股东的资产的折价率与利益输送的问题。

（3）控股股东通过定向增发新股向上市公司注入劣质资产进行利益输送。在国外关于控股股东通过定向增发新股向上市公司注入劣质资产来进行"掠夺"的现象的研究文献很少。只有少数学者对此进行了研究，如裴等（2002）研究表明，在韩国，控股股东会利用金字塔结构从定向增发过程中输送利益，例如，在同一集团中以较高的价格将低质量公司的股票出售给高质量公司。在国内，也只有少数学者发现，在定向增发新股收购控股股东资产中，可能存在控股股东虚增注入资产价值进行利益输送的现象（张祥建和郭岚，2008；季华等，2010）。王明旭（2006）也发现，我国上市公司在资产的注入过程中，控股股东有虚增注入资产增值的强烈冲动，甚至可以将劣质资产来"偷梁换柱"，直接进行利益输送。季华等（2010）以 2002～2006 年上市公司与其控股股东发生的重大资产注入为样本，实证检验了证券市场监管对资产注入绩效的影响。他们将上市公司资产注入划分为经证监会核准的监管型资产注入与仅通过公司董事会和股东大会批准就可实施的自愿型资产注入两种类型，分别考察了这两种类型资产注入后的绩效，他们研究发现监管型资产注入对上市公司的绩效产生了正面的影响，而自愿型资产注入对上市公司绩效的影响则并不显著，证券市场监管发挥了相应的效用。但他们没有区分定向增发新股收购控股股东资产的类型对上市公司市场绩效的影响。

（4）上市公司定向增发资产注入前通过盈余管理进行利益输送。国外学者已有研究表明，上市公司股票再发行过程中普遍存在盈余管理现象。张等（1998）①、雷根（1998）②、杜沙姆等（2004）③ 认为，上市公司在配股、公开增发前会通过提高可操控性应计利润进行利润操纵，即通过盈余管理来调高财务报告业绩，从而提高股票发行价格。国内学者（孙铮和王跃堂，1999；陆正飞和魏涛，2006；林舒和魏明海，2000；张祥建和郭岚，2006）的研究也证实，我国上市公司在 IPO、配股、公开增发时，为了达到证券监管部门对 IPO、配股、公开增发公司的业绩（如 ROE）要求，在 IPO、配股、公开增发前进行了盈余管理。并且认为，政策性盈余指标是直接诱发我国上市公司盈余管理行为的动机。可见，我国上市公司在 IPO、配股、公开增发前进行盈余管理是为了获得 IPO、配股、公开增发资格，达到在证券市场"圈钱"的目的，从而向控股股东进行利益输送。章卫东（2010）研究发现，当定向增发公司向本公司关联股东发行新股时，定向增发前公司会进行负向的盈余管理，当定向增发公司仅向非关联股东定向增发时，定向增发前公司会进行正向的盈余管理。其目的是通过盈余管理操纵定向增发的价格向控股股东进行利益输送。所以盈余管理成为向控股股东进行利益输送的手段（陈小悦等，2000；魏明海，2000）。

---

① Teoh S H, Welch I, Wong T J. Earnings Management and the Post-Issue Underperformance of Seasoned Equity Offerings [J]. Journal of Financial Economics, 1998, 50 (1): 63 –99.

② Rangan, Srinivasan. Earnings management and the performance of seasoned equity offerings [J]. Journal of Financial Economics. 1998, 50 (1): 101 –122.

③ Ducharme L L, Malatesta P H, Sefcik S E. Earnings management, stock issues, and shareholder lawsuits [J]. Journal of Financial Economics, 2004, 71 (1): 27 –49.

2.4　大股东向上市公司注入资产的财富效应研究

向上市公司注入资产将对原有上市公司的产业结构、资产规模、经营方式等方面产生影响，这将会对上市公司的经营业绩产生积极或者消极的影响，进而影响到上市公司股东的财富。近年来，关于大股东向上市公司注入资产的财富效应研究主要包括：

（1）大股东向上市公司注入资产的短期财富效应。现有研究对于大股东资产注入的短期市场反应有比较一致的研究结论，即上市公司宣告大股东向上市公司注入资产可以给投资者带来显著为正的累计超额收益率。范银华（2009）对中国上市公司资产注入重组绩效进行检验，发现大股东资产注入在短期内给上市公司股东带来了平均22.42%的累计超额收益率。贾钢和李婉丽（2009）以整体上市的公司为研究样本，发现在短期内都产生了显著为正的股东财富效应。章卫东和李海川（2010）对实施了定向增发资产注入的上市公司样本进行研究后发现，在时间窗口 ［-5，+25］ 内，定向增发资产注入有正的累积超额收益率的宣告效应。孙容和张漩（2011）对中国玻纤（600176）公司大股东资产注入事件对上市公司的超额累计收益的影响程度进行了案例研究，发现中国玻纤资产注入的短期效应较为显著。章卫东和李斯蕾（2016）分析和检验了不同类型大股东资产注入对股东财富的影响。研究发现，从短期来看，大股东的资产注入能够提高股东的财富。

（2）大股东向上市公司注入资产的长期财富效应。对于上市公司实施定向增发资产注入是否会为其长期绩效带来积极影响，不同学者得出的研究结论并不一致。部分学者认为资产注入能够给上市公司的长期绩效带来正面影响，例如：邓路和黄欣然（2009）通过中国船舶（600150）资产注入的案例

分析，发现其长期累计超额收益率保持在显著为正的水平上。孙容和张漩
（2011）对中国玻纤（600176）大股东资产注入事件对上市公司长期市场表现
的案例分析发现，中国玻纤股价的累计超额收益率的持续显著为正及其后势
走强，也说明投资者对其长期的业绩增长和价值提升持乐观态度。这也说明，
尽管大股东资产注入有最大化其私有利益的动机，也不排除通过虚增资产价
值和注入非优质资产的方式侵占小股东利益的情况，但真实的和成功的资产
注入无论在短期或长期都会对上市公司的价值增长产生正面的显著影响。杜
勇（2013）发现从长期趋势上看，大股东的资产注入行为使得内部关联交易
减少，促进了上市公司价值链的完善，提高了上市公司整体的经营绩效。而
更多的学者则倾向于认为资产注入对上市公司的长期绩效是以负面影响为主
的。张鸣和郭思永（2009）发现，大股东往往利用定向增发的新股折价来进
行利益输送，以"掏空"上市公司，并且折价水平和大股东认购新股的比例
决定了大股东从上市公司转移财富的多寡，也证实了大股东具有明显的机会
主义动机。章卫东（2010）研究了上市公司定向增发资产注入中的盈余管理
问题，发现上市公司在定向增发资产注入前普遍存在盈余管理动机，并且盈
余管理程度越高，定向增发资产注入后一年的上市公司的股价表现越差。颜
淑姬（2012）发现大股东在以注入的资产作为对价参与上市公司定向增发之
后，注入资产的较长期收益率是普遍下降的。季华和柳建华（2013）专门研
究了中国以再融资为主要动机的上市公司资产注入事件，发现基于再融资动
机的资产注入会显著降低上市公司盈余质量，使得上市公司的市场价值降低。
刘建勇（2014）实证检验了大股东资产注入的经济后果，发现资产注入后上
市公司的长期市场业绩出现下滑，投资者在资产注入后购买上市公司股票并
持有1年以上将会遭受损失。章卫东和李斯蕾（2015）研究发现，短期内大
股东的资产注入能够提高股东的财富，而股东的长期财富效应及公司的经营
业绩却不佳。

2.5 政府干预上市公司并购活动的相关研究

2.5.1 政府干预上市公司并购活动的动机

在国内外的经济活动中，政府干预已成为了经济生活的常态，特别是在企业的生产经营、投融资、并购等行为中都存在政府干预行为。那么，政府为什么要干预企业的经营活动？一般来说，主要可以从以下角度来解释政府干预上市公司并购活动的动机。

（1）解决政府政策性负担。

政府对企业的经营活动进行干预在全球都是一个普遍现象（法乔等，2006）。我国的政体决定了我国政府作为国家权威的表现形式，具有和资本主义国家不同的政府责任（吴传毅，2004；王晋军，2008）。并且，在我国从计划经济走向市场经济的过程中，政府权力配置经历了从集权到分权的过程，政府在此过程中获得了财政自主权、经济管理权等权力。同时，诸如就业、社会养老、社会稳定等社会目标也落到各级政府肩上（林毅夫和李志赟，2004；程仲鸣等，2008；向杨等，2013）。

（2）政府官员的政治晋升目标。

20 世纪 80 年代以后，我国政府官员的选拔和提升标准由过去的纯政治指标变成了经济绩效指标与政治指标相结合，这些显性指标包括地方 GDP 增长、地方财政收入增长、就业指标、社会稳定等（刘培林，2005；马亮，2013）。此外，我国长期以来"GDP 唯上"的政府官员政绩考核和评价机制，也促使地方政府官员为了提高辖区 GDP 增长，赢得更大的晋升机会和空间而展开了激烈的"晋升锦标赛"（钱和许，1993；周黎安，2007），并且这样的"晋升锦标赛"会从省级到市级自上而下层层升级（乔坤元，2013）。而对于政府，尤其是地方政府而言，辖区内的上市公司自然成为其推动地方经济增长，实现政绩和社会目标的有利"工具"。

2.5.2 政府干预上市公司并购活动的经济后果

有国内学者对政府干预下上市公司的并购做了研究，发现政府对上市公司的并购活动会产生负面影响。潘红波等（2008）发现政府干预对盈利的国有上市公司的并购绩效会产生负面影响，但对亏损的国有上市公司却会产生正面影响。方军雄（2008）的研究证明地方政府控股的企业更易实施效率低下的多元化并购。黄兴李和沈维涛（2009）认为地方政府控制的上市公司的并购效率显著劣于中央政府控制的上市公司，但需要将政府是适度干预还是过度干预这一因素纳入具体的情境分析中。刘星和吴雪姣（2011）认为地方政府对盈利的国有上市公司的干预会产生显著"掏空"效应，使上市公司并购价值下降，但对亏损的国有上市公司的干预却并未使其并购价值显著提升，从而进一步验证了政府干预对国有上市公司并购价值更多是以负面影响为主。

但也有国内学者持不同观点，认为政府干预在短期内，或者某些特殊情况下，对上市公司的并购效率还是具有一定积极作用的（张晓波和陈海声，2013；陈少华和李盈璇，2013），并且干预的效果还可能因企业的不同生命周期（王凤荣和高飞，2012）或产权和行业特征等（孙自愿等，2013）而不同。

由于资产注入属于并购活动的一种形式，章卫东等近几年研究了政府干预对上市公司资产注入的影响。章卫东等（2012）对我国处于盈利和ST两种不同业绩状况下的国有控股上市公司进行了研究，发现政府干预会导致盈利上市公司资产注入后业绩下降更多，而 ST 上市公司资产注入后业绩增长更快。章卫东等（2015）从理论和实证两个方面研究了政府干预对地方国有控股上市公司资产注入后公司绩效的影响，并研究了金字塔股权结构对政府干预地方国有控股上市公司资产注入的防御作用。研究发现，地方国有控股上市公司所在地的政府干预程度越高，资产注入后的公司绩效越差；金字塔股权结构则可以抑制政府对地方国有控股上市公司资产注入的干预，并且当地方国有控股上市公司金字塔层级和链条数越多时，抑制政府干预的作用越强。章卫东和李斯蕾（2015）研究发现，我国上市公司的控股股东出于其私人利益，有强烈的动机向其控制的上市公司注入资产。从短期而言，控股股东的资产注入能够提高股东的财富，而股东的长期财富效应及公司的经营业绩却不佳。对比国家控股和私人控股的两类上市公司，国有控股上市公司的资产注入导致股东的长期财富受损及长期经营业绩下降的幅度要比民营上市公司更大。

2.6　文 献 述 评

从以上的国内外文献回顾中可以看出，政企关系以及政府干预对企业经济活动的影响一直是经济学研究与企业研究的热点问题，尤其在我国这样一个处于经济转轨时期的发展中国家，虽已从计划经济步入市场经济时代，但市场经济体制仍有很多亟待完善和健全之处，政府在很多宏观和微观的经济领域依然在强化"看得见的手"的功能，通过对经济的干预，发挥着"支持之手"和"掠夺之手"两种看似矛盾却又实质上统一的作用，这是由政府的社会管理属性和公共服务职能所决定的，政府不仅要考虑经济目标，还要承担多种社会职能，官员也有很多业绩考核的需要，加之因历史原因和改制上市的需要，我国相当一部分上市公司的实际控制人就是政府部门（如作为地方政府直属特设机构的地方国资委），这些都使得政府对上市公司经济活动的干预愈加便利和频繁，股权分置改革后由政府推动的国有上市公司资产注入等并购活动就是政府干预的一个典型体现。近年来，很多学者都对政府干预、资产注入等问题进行了一系列有意义的探讨，但目前多数研究表明，政府把自身的政策性目标和官员晋升目标放在首位，而对提高上市公司经济效益目标的考虑反而退居其次，因此地方政府干预下的很多地方国有控股上市公司并购活动、投融资活动等实质上都成了地方政府"掠夺""掏空"地方国有控股上市公司的渠道。但是，还鲜有研究专门以地方国有控股上市公司的资产注入为对象，来研究政府干预与资产注入之间的关系，探讨地方政府干预在地方国有控股上市公司的资产注入活动中的动机问题以及产生的经济后果。这些研究为本书在前人基础上所做进一步研究提供了一定的方向和参考。本书将以我国地方国有控股上市公司为主要研究对象，探讨地方政府干预地方国有控股上市公司定向增发资产注入的动机和经济后果中的利益输送问题，并运用我国资本市场的经验数据加以实证检验，从而丰富相关研究，为优化政企关系、转变政府职能、推进国企产权结构完善、建立更为有效的机制以缓解地方政府的过度干预等提供一定的建议和参考。

第 3 章

地方国有控股上市公司定向
增发资产注入的现状

3.1 我国上市公司定向增发的制度及其特点

3.1.1 定向增发的政策制度

早在 1994 年，江铃汽车向美国福特定向增发 B 股首开了我国证券市场定向增发的先河。随后 1999 年还出现了大众交通和东软股份等定向增发的个别案例，但在 2005 年 9 月之前定向增发的上市公司很少。这主要是由于 2005 年以前，没有一部专门的法律法规对上市公司股权私募融资作出规定，包括原《证券法》《公司法》《股票发行与交易管理暂行条例》《上市公司新股发行管理办法》等法律、法规中也都没有对定向增发作明确规定。例如，原《公司法》只对公司发行新股条件、程序作了相关规定，并不适用于上市公司定向增发的具体情况，而原《证券法》《上市公司新股发行管理办法》等也只规范了上市公司的公募增发和配售行为。法律法规的缺陷导致我国上市公司在股权再融资中很少实施定向增发融资。

直到 2005 年 10 月修订的《证券法》才正式明确定向增发可以作为我国上市公司股权再融资的方式之一。根据修订后的《证券法》，向特定对象发行证券累计小于等于 200 人的即可归为定向增发。另外，与新《证券法》同时修订的新《公司法》规定：股东除可用货币出资外，也可以用实物、知识产权、土地使用权等可以用货币估价并可以依法转让的非货币财产作价出资，这表示投资者可以以非现金资产如股权、债权来认购定向增发的股份，为定向增发的顺利实施打开了便利之门。

随后，2005 年末出台的《外国投资者对上市公司战略投资管理办法》对国外投资者向 A 股上市公司战略投资作了规定，允许国外战略投资者可通过上市公司定向增发的方式进行投资，并对该方式的执行程序作了说明。2006年 4 月，随着股权分置改革的推进，我国证券市场的融资功能得到恢复，随之上市公司股权再融资功能也得到恢复。特别是 2006 年 5 月 8 日，证监会正式出台的《上市公司证券发行管理办法》（简称《管理办法》）进一步规范了上市公司非公开发行的行为，对定向增发的发行条件、相关资格以及程序作了具体规定，使得定向增发作为我国上市公司再融资方式的法律地位得到确立。

《管理办法》关于定向增发的条款主要有：第三十六条："本办法规定的非公开发行股票，是指上市公司采用非公开方式，向特定对象发行股票的行为。"第三十七条：非公开发行股票的特定对象应当符合下列规定："①特定对象符合股东大会决议规定的条件；②发行对象不超过十名。发行对象为境外战略投资者的，应当经国务院相关部门事先批准。"第三十八条：上市公司非公开发行股票，应当符合下列规定："①发行价格不低于定价基准日前二十个交易日公司股票均价的百分之九十；②本次发行的股份自发行结束之日起，十二个月内不得转让；控股股东、实际控制人及其控制的企业认购的股份，三十六个月内不得转让；③募集资金使用符合本办法第十条的规定；④本次发行将导致上市公司控制权发生变化的，还应当符合中国证监会的其他规定。"第三十九条：上市公司存在下列情形之一的，不得非公开发行股票："①本次发行申请文件有虚假记载、误导性陈述或重大遗漏；②上市公司的权益被控股股东或实际控制人严重损害且尚未消除；③上市公司及其附属公司违规对外提供担保且尚未解除；④现任董事、高级管理人员最近三十六个月内受到过中国证监会的行政处罚，或者最近十二个月内受到过证券交易所公开谴责；⑤上市公司或其现任董事、高级管理人员因涉嫌犯罪正被司法机关立案侦查或涉嫌违法违规正被中国证监会立案调查；⑥最近一年及一期财务报表被注册会计师出具保留意见、否定意见或无法表示意见的审计报告。保留意见、否定意见或无法表示意见所涉及事项的重大影响已经消除或者本次发行涉及重大重组的除外；⑦严重损害投资者合法权益和社会公共利益的其他情形。"这些条款为上市公司进行定向增发提供了具体操作方法。从此之后，我国上市公司进行定向增发便拉开了序幕。

为了适应上市公司日益增长的融资需求，规范上市公司定向增发行为，证监会成立了新的股票发行审核委员会，专项审核上市公司新股发行，并新修订了《中国证券监督管理委员会发行审核委员会办法》，还为定向增发单独设置了发审委审核特别程序，该程序与其他发行方式所适用的一般程序相比有很大简化。

由于证监会对定向增发公司没有业绩的要求，审核程序简单，这一制度一推出就受到上市公司的青睐，自2006年之后定向增发的上市公司越来越多，为更进一步规范上市公司定向增发行为，2007年7月，中国证监会发行监管部下发了《关于上市公司做好非公开发行股票的董事会、股东大会决议有关注意事项的函》，并于 2007 年 9 月 17 日制定、颁布了《上市公司非公开发行股票实施细则》，2017 年 2 月 15 日，《上市公司非公开发行股票实施细则》再次做了修订，并对细则具体的实施发布了《发行监管问答——关于引导规范上市公司融资行为的监管要求》，对非公开发行股票做了进一步的规范，其中主要规定：①计算发行底价的基准日为发行期的首日。②"定价基准日前 20 个交易日股票交易均价"的计算公式为：定价基准日前 20 个交易日股票交易均价 = 定价基准日前 20 个交易日股票交易总额/定价基准日前 20 个交易日股票交易总量。③上市公司申请非公开发行股票的，拟发行的股份数量不得超过本次发行前总股本的 20%。④上市公司申请增发、配股、非公开发行股票的，本次发行董事会决议日距离前次募集资金到位日原则上不得少于 18 个月。⑤除金融类企业外，原则上最近一期末不得存在持有金额较大、期限较长的交易性金融资产和可供出售的金融资产、借予他人款项、委托理财等财务型投资的情况。⑥发行对象属于下列情形之一的，具体发行对象及其认购价格或者定价原则应当由上市公司董事会确定，并经股东大会批准。认购的股份自发行结束之日起 36 个月内不得转让：一是上市公司的控股股东、实际控制人或其控制的关联人；二是通过认购本次发行的股份取得上市公司实际控制权的投资者；三是董事会拟引入的境内外战略投资者。⑦发行对象属上述情形以外的，上市公司应当在取得发行核准批文后，按照本细则的规定以竞价方式确定发行价格和发行对象。其认购的股份自发行结束之日起 12 个月内不得转让。

3.1.2　我国上市公司定向增发的特点

我国上市公司定向增发制度与配股、公开增发、发行可转换债券等融资制度相比具有如下特点：

（1）定向增发门槛较低、自由度大。

根据证监会颁布的《上市公司证券发行管理办法》规定，上市公司采取公开增发、发行可转换债券等方式融资均要求发行公司的盈利能力应该达到该办法的相关规定，而该《管理办法》对上市公司采取定向增发融资没有业绩的要求，不论是优质公司还是绩差公司甚至 ST 公司都可以选择定向增发的再融资方式。并且该《管理办法》对上市公司采取配股、公开增发、发行可转换债券等明确规定其发行股票或者债券的上限，而对上市公司采取定向增发融资没有规定发行股票数量的限制，由定向增发的上市公司根据自身投资项目需要的资金、证券市场等情况自主确定发行股票的数量。从这个意义上讲，定向增发融资方式比配股、公开增发、发行可转换债券等融资方式"门槛"更低、发行公司的自主权更大。

（2）定向增发发行成本低、审批程序简单。

根据证监会颁布的《上市公司证券发行管理办法》规定，上市公司采取公开增发、发行可转换债券等方式公开募集资金时需要聘请承销机构、发布招股说明书等，这些均会增加发行公司费用。由于上市公司采取定向增发融资是向控股股东或特定的机构投资者或个人（不超过 10 人）募集资金，定向增发公司可以省去公募所必需的刊登招股说明书等环节，承销商的风险也比较低，承销费用也比较低。并且该管理办法还规定了上市公司采取公开增发、发行可转换债券等方式公开募集资金的严格信息披露制度，而对上市公司采取定向增发融资的信息披露制度相对较低。因此，相对于公开增发、发行可转换债券等方式融资，定向增发融资发行费用更低。该管理办法还对上市公司采取公开增发、发行可转换债券等方式公开募集资金规定了严格的审核程序，而对上市公司定向增发融资的审批程序比较简单，审核的周期较短。因此，定向增发的发行成本低、审批程序简单。

（3）定向增发发行折价较高。

与其他股权再融资方式相比较，定向增发的一个重要特征在于其在发行价格上有很大的折价。给予参与认购定向增发的投资者较高的折价率是国际上通行的做法。英国、美国及东南亚等国家和地区私募发行折扣率约为 20%，一般比公开增发折扣率要高（赫特热尔和史密斯，1993①；克里希纳默西等，2005②）。给予参与认购定向增发的投资者较高的折价率是因为：第一，投资者认购定向增发股份后要锁定较长的时间，持股锁定期限制了投资者资产的流动性，因此，应当给予投资者资产流动性折价（朗斯塔夫，2001③）。第二，由于信息不对称，认购定向增发股份的投资者在认购定向增发新股前要对增发公司的募投项目、经营情况进行调查，这将增加认购定向增发股份投资者的调查费用，因此，给予认购定向增发股份的投资者折扣是对投资者付出的调查费用的补偿（鲁克，1989④；西伯，1991⑤）。第三，投资者认购定向增发股份后会积极参与发行公司的治理和对公司经营活动的监督，因此，给予认购定向增发股份的投资者折扣是对认购定向增发的投资者付出的监督成本的补偿（赫特热尔和史密斯，1993）。

尽管 2017 年颁布的《上市公司非公开发行股票实施细则》（修订版）对定价基准日和定价原则均做了更为详细的规范，在一定程度上对高折价有抑

---

① Hertzel M. , Smith R. L. . Market Discounts and Shareholder Gains for Placing Equity Privately ［J］. Journal of Finance, 1993, 48 (2): 459 – 485.

② Srinivasan Krishnamurthy, Paul Spindt, Venkat Subramaniam, Tracie Woidtke Does investor identity matter in equity issues? Evidence from private placements ［J］. Journal of Financial Intermediation, 2005, 14 (2): 210 – 238.

③ Longstaff F. A. . Optimal Portfolio Choice and the Valuation of Illiquid Securities ［J］. Review of Financial Studies, 2001, 14 (2): 407 – 431.

④ Wruck K. H. . Equity ownership concentration and firm value: Evidence from private equity financings ［J］. Journal of Financial Economics, 1989, 23 (1): 3 – 28.

⑤ Silber W. L. . Discounts on Restricted Stock: The Impact of Illiquidity on Stock Prices ［J］. Financial Analysts Journal, 1991, 47 (4): 60 – 64.

制作用。但有研究发现，3 年期非公开发行市价折让仍在 30% 左右，1 年期非公开发行市价折让区间逐渐收窄（见图 3-1）①。

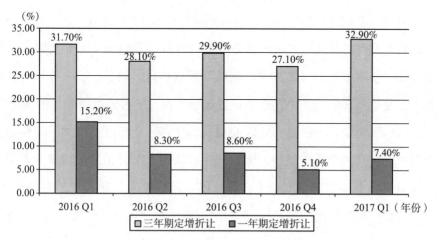

图 3-1　《上市公司非公开发行股票实施细则》（修订版）发布前后发行折价对比

（4）认购定向增发的股份锁定时间较长。

证监会颁布的《管理办法》并未对通过配股与公开增发等方式发行的股份的转让时间做明确的限制，投资者认购配股与公开增发后即可上市流通。而该办法却对认购定向增发的不同对象规定了不同的限售期，《管理办法》规定，"定向增发新股发行的股票自发行结束之日起，十二个月内不得转让；控股股东、实际控制人及其控制的企业认购的股份，三十六个月内不得转让。"而证监会 2017 年 5 月 26 日颁布的《上市公司股东、董监高减持股份的若干规定》则对定向增发的股份减持在时间和数量上做了更为严格的限制。第一，非公开发行股份减持须遵守减持数量限制。持有非公开发

① 解读上市公司非公开发行股票新规要点 ［EB/OL］.（2017-11-16）. http：//www.hths-capital. com/tools/news/index. asp？ id = 62.

行股份的股东，无论其持股比例，在任意连续 90 日内，通过竞价交易减持的解禁限售股不得超过总股本的 1%，通过大宗交易减持的解禁限售股不得超过总股本的 2%，合计不得超过 3%。第二，非公开发行股份减持须遵守减持时间比例限制。股东在非公开发行股份解除限售后的 12 个月内，通过竞价交易减持的数量不得超过其持有该次非公开发行股份总数的 50%。相关股东须同时遵守以上两项限制，具体按照"孰低"原则执行。第三，非公开发行股份采取大宗交易方式的，受让方在受让后 6 个月内，不得转让所受让的股份。①可见，认购定向增发的股份锁定时间较长，这在一定程度上增加了认购定向增发股份的投资者的投资风险。但是，要求认购上市公司定向增发的股份锁定较长时间对于整个证券市场而言却可以一定程度上缓解股票扩容的压力，减少对二级市场的资金"抽血"，对稳定市场预期有好处，有利于促进证券市场的稳定。

（5）定向增发募集的资金除了用于项目投资外，还可用于收购其他公司和集团公司的资产。

从现有文献来看，在国外，上市公司定向增发募集的资金主要是为了满足项目投资的资金需要，很少出现用定向增发募集的资金去收购控股股东资产的现象。而在我国，上市公司定向增发募集的资金除了用于项目投资外，更多的上市公司通过定向增发募集资金来收购其他公司和集团公司的资产。甚至有些上市公司直接向控股股东定向增发，而控股股东用未上市的资产作价认购定向增发的股份，因此，在我国很多上市公司定向增发往往伴随着资产重组出现。当上市公司定向增发新股收购的资产属于优质资产时将会提高上市公司的核心竞争力，但当上市公司定向增发新股收购的资产属于劣质资

---

① 减持新规已出，对非公开发行有什么样的影响，过来看看吧！[EB/OL]．(2017 - 11 - 16). http：//www. sohu. com/a/145514733_499203.

产时将导致上市公司业绩下降（章卫东和李海川，2008）。如果上市公司定向增发新股收购的资产属于控股股东及其关联股东的资产，则会构成关联交易，而在上市公司被大股东控制的情况下，这一关联收购可能会出现利益输送问题（章卫东等，2011）。但是向控股股东及其关联股东定向增发新股收购其资产可以使控股股东未上市的资产实现证券化和提高控股股东在上市公司的控制权，将给上市公司控股股东的集团公司未来股票增值带来合并会计报表的利润的增加，也可以增加控股股东在上市公司的控制权，以及减少上市公司与集团公司之间的关联交易、同业竞争，延长上市公司的产业链，增强上市公司的独立性。

3.1.3　我国上市公司定向增发资产注入的目的

我国资本市场启动定向增发首先是为了解决上市公司的再融资问题，其次则是解决由于股权分置而导致的上市公司与集团公司之间的关联交易与同业竞争等多方面的问题。因此，国家出台政策鼓励集团公司通过定向增发方式将优质资产注入到上市公司中，一方面可以完善上市公司的产业链，提高行业集中度，改善公司绩效，使公司竞争力得到增强，巩固上市公司在市场中的地位；另一方面还可以推动上市公司与大股东的资源优化整合，使大股东和上市公司向利益趋同的方向发展，减少关联交易，维护公司整体利益，优化公司治理。特别是股改后控股股东也有动机通过资产注入带来的外延式扩张来获得股价上涨形成的超额收益，实现股权价值最大化。具体而言，我国上市公司定向增发资产注入的主要目的可归纳为以下几点。

（1）引入机构投资者。

我国上市公司的股权结构存在控股股东一股独大、社会公众股过度分散的现象，这不仅造成上市公司治理结构不完善，而且由于社会公众的跟风炒作公司股票，导致公司二级市场股票价格大起大落，不利于证券市场的健康稳定发展。由于定向增发的对象为机构投资者，不仅可以优化上市公司的股权结构，发挥机构投资者对控股股东的制衡作用，促进上市公司完善治理机制，而且由于机构投资者持股的稳定性还可以减少公司股票的大起大落。特别是战略投资者的引入对公司治理等具有重要意义，第一，给上市公司带来先进的管理理念、技术和资源等无形资产，提高上市公司核心竞争力。战略投资者作为行业翘楚，对该行业的发展有着深刻的认识。通过向股东大会提议引入其优秀的管理团队和管理思路，以向被投资公司转移本公司先进的管理技能、专业技术和知识、国际经营市场机会等。战略投资者采取将其海外公司的优秀人才派驻上市公司或派出被投资企业的人才去往国外培训以学习先进管理知识和管理技能的方式，改革上市公司低下的管理效率，同时提高被投资企业产品创新能力、企业的综合竞争力。第二，战略投资者以自身在公司的影响力举荐人员进入董事会担任公司的非独立董事，在董事会中与控股股东委派的代表形成牵制作用，借此实现对经理层和控股股东二者的共同监督，提高监督效率以降低代理成本。第三，利用自身在公司的影响力强化监事会的监督职能。引入战略投资者能抑制控股性大股东侵蚀小股东的现象发生，防止出现"内部人控制"的局面，以维护公司正常运行。除此之外，股价机制和控制权市场也作为可利用的重要外部机制。作为投资经验丰富的投资者，当面临管理层不尽人意的业绩表现时，战略投资者通过实施外部接管对管理层进行有效约束。

（2）实现整体上市。

在证券市场发展的初期，我国上市公司往往是将集团公司一部分资产剥离后"分拆"上市的，造成上市公司与集团公司存在千丝万缕的联系，关联交易不可避免，上市公司的独立性较差。通过定向增发募集资金收购集团公司的资产额实现集团公司的资产整体上市，可以增强上市公司的独立性，减少"分拆"上市带来的上市公司与集团公司之间的关联交易、同业竞争和产业链分割的问题。此外，关联交易的减少还可以降低上市公司的交易费用和防止上市公司向控股股东输送利益，从而促进上市公司的可持续发展。

（3）财务重组。

由于《管理办法》对上市公司采取定向增发融资没有业绩的要求，这为一些绩差上市公司甚至 ST 公司募集资金提供了方便，只要绩差上市公司甚至 ST 公司有好的投资项目启动定向增发募集资金，投资者便会积极认购其定向增发的股份，使这些绩差上市公司甚至 ST 公司募集到项目建设需要的资金，或者使一些绩差上市公司甚至 ST 公司能通过定向增发募集到足够的资金收购其他公司或者集团公司的优质资产，这不仅可以使一些非上市公司达到"借壳"上市的目的，同时还可以改善绩差上市公司甚至 ST 公司的资产质量，使绩差上市公司甚至 ST 公司"脱胎换骨"。

（4）增加控股股东在上市公司的控制权。

对于一些股权不够集中的上市公司而言，通过向大股东定向增发可以提高大股东的控股比例，增强大股东对上市公司的控制力度。大股东控制权的提高有利于提高控股股东在公司经营管理中的决策权和强化对公司经理人的监督作用，从而提高公司经营过程中的决策效率，降低公司经理人代理成本，促进上市公司的价值增长。

（5）延长和完善上市公司产业链，增强核心竞争力。

通过资产注入延长上市公司的产业链，使上市公司的产业链更加完整。控股股东注入的资产是其还未上市的资产，在注入完成后，这部分资产就不再孤立于上市公司之外，而是与上市公司形成一个整体。当大股东注入的资产都与上市公司的产业链密切相关时，通过资产注入，有助于实现大股东与上市公司间的内部产业链垂直整合，形成完整、一体化的产业链条并加以拓展延伸，推动规模经济形成，提高上市公司的市场竞争力。

（6）实现资产证券化，形成控股股东财富增值效应。

控股股东将资产注入上市公司实质上是一种将集团公司资产证券化的过程。全流通时代，在控股股东的股份预期可以上市流通的情况下，控股股东向上市公司注入资产可以使控股股东未上市的那一部分资产证券化，从而可增加控股股东的财富（章卫东，2007）。在股权分置改革以前，我国上市公司普遍存在"一股独大"的现象，非流通股股东与流通股股东同股不同价、同股不同权，导致两类股东缺乏共同利益基础。与此同时，由于资本市场规模较小并且很多国有企业历史负担过重，使得国有企业往往采取分拆上市模式进入资本市场。随着股权分置改革的顺利完成，上市公司控股股东与中小股东的利益趋同度显著提高，控股股东关注的焦点已由原来的公司净资产逐渐转移到上市公司市值。为了实现自身股权价值最大化，控股股东有很强的动机将自己所拥有的非上市的优质资产注入到上市公司。而优质资产注入是提高上市公司的资产质量和盈利能力的一个快捷途径，通过优质资产注入提高上市公司的规模效应和协同效应，提升上市公司的盈利水平。相对于内生性增长而言，优质资产注入所带来的上市公司盈利增长与价值重估而形成的外延式扩张将会更加明显和直观。全流通后，控股股东的财富是以其持有的股票的价值决定的，因此股市的财富效应促使控股股东将优质资产证券化，做优做强上市公司，增加其财富。

3.2　地方国有控股上市公司定向增发资产注入的情况

3.2.1　地方国有控股上市公司定向增发资产注入的总体概况

（1）深沪上市公司资产注入的总体情况。

股权分置改革的顺利完成促进了上市公司定向增发和资产注入的快速发展（见表 3 - 1，见图 3 - 2）。我国上市公司定向增发数量从 2006 年的 49 家上升到 2016 年的 793 家，而金额则由 910.60 亿元增加至 16446.04 亿元，增长了 1706.07%；年均定向增发融资规模为 5182.54 亿元，年均增长 33.56%。这其中上市公司定向增发资产注入是定向增发的主要融资模式之一，2006 ~ 2016 年，上市公司定向增发金额中有 47.97% 是定向增发资产注入。

表 3 - 1　　　　2006 ~ 2016 年我国 A 股上市公司定向增发资产注入统计

年份	资产注入		总的定向增发		占比	
	数量	金额（亿元）	数量	金额（亿元）	数量（%）	金额（%）
2006	12	568.75	49	910.60	24.49	62.46
2007	63	1631.79	144	2611.47	43.75	62.49
2008	58	1089.55	107	1646.12	54.21	66.19
2009	49	1556.10	116	2652.24	42.24	58.67
2010	50	1106.45	153	3079.16	32.68	35.93
2011	70	2300.38	175	3529.72	40.00	65.17
2012	69	1635.56	153	3278.85	45.10	49.88
2013	89	1619.24	266	3521.62	33.46	45.98
2014	173	2767.96	473	6643.19	36.58	41.67

续表

年份	资产注入		总的定向增发		占比	
	数量	金额（亿元）	数量	金额（亿元）	数量（%）	金额（%）
2015	324	6526.95	827	12688.96	39.18	51.44
2016	252	6545.76	793	16446.04	31.78	39.80
合计	1209	27348.49	3256	57007.97	37.13	47.97

数据来源：根据 Wind 资讯金融数据库提供数据综合整理而得。

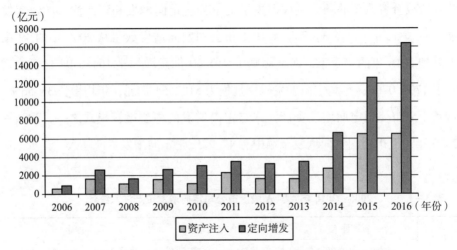

图 3 - 2　2006 ~ 2016 年我国 A 股上市公司定向增发资产注入情况

　　从各年度分布情况来看，我国上市公司定向增发资产注入数量从 2006 年的 12 家上升到 2016 年的 252 家，资产注入规模由 568.75 亿元增至 6545.76 亿元，分别增长了 2000.00% 和 1050.90%，年均增长分别为 35.59% 和 27.67%。再从总体规模来看，尽管资产注入的上市公司数量在定向增发的上市公司中数量仅为 37.13%，但其规模却占整个定向增发融资规模的 47.97%，其中，2008 年规模占比最大，达到了 66.19%。从上市公司的平均情况来看，

2006~2016年，上市公司平均定向增发融资规模为17.51亿元，而平均资产注入规模则达到了22.62亿元。

（2）地方国有控股上市公司注入资产的情况。

与深沪上市公司的总体情况类似，2006~2016年，地方国有控股上市公司定向增发资产注入的数量在全部地方国有控股上市公司定向增发中的数量仅占38.36%，但其规模却高达49.66%，其中，2006年规模占比最大，达到了70.42%（见表3-2）。从各年度分布情况来看，我国地方国有控股上市公司定向增发资产注入数量从2006年的6家上升到2016年的37家，资产注入规模由355.94亿元增至1332.01亿元，分别增长了516.67%和274.22%，年均增长分别为19.95%和14.11%。从上市公司的平均情况来看，2006~2016年，地方国有控股上市公司平均定向增发融资规模为23.99亿元，而平均资产注入规模则达到了31.06亿元，平均规模均超过了深沪上市公司的总体平均规模情况。

表 3-2　　　　　　　　2006~2016 年我国 A 股地方国有控股

上市公司定向增发资产注入统计

年份	资产注入		总的定向增发		占比	
	数量	金额（亿元）	数量	金额（亿元）	数量（%）	金额（%）
2006	6	355.94	21	505.48	28.57	70.42
2007	24	734.79	62	1274.36	38.71	57.66
2008	24	544.19	43	823.96	55.81	66.05
2009	26	723.16	44	1195.09	59.09	60.51
2010	24	718.47	57	1781.49	42.11	40.33
2011	27	985.27	58	1611.43	46.55	61.14

续表

年份	资产注入		总的定向增发		占比	
	数量	金额（亿元）	数量	金额（亿元）	数量（%）	金额（%）
2012	27	876.37	52	1357.65	51.92	64.55
2013	24	678.11	77	1464.06	31.17	46.32
2014	20	402.89	92	1823.60	21.74	22.09
2015	51	1656.23	143	3432.25	35.66	48.25
2016	37	1332.01	107	2870.43	34.58	46.40
合计	290	9007.43	756	18139.80	38.36	49.66

数据来源：根据 Wind 资讯金融数据库提供数据综合整理而得。

再具体分析定向增发资产注入的情况（见表 3 - 3），我国地方国有控股上市公司定向增发资产注入在全部 A 股上市公司定向增发资产注入中的比例在数量和规模上均呈下降趋势，但地方国有控股上市公司定向增发资产注入平均规模（31.06 亿元）仍超过了 A 股上市公司定向增发资产注入的平均规模（22.62 亿元）。

表 3 - 3 　　　　　　　2006 ~ 2016 年我国 A 股定向增发资产注入统计

年份	地方国有控股上市公司		A 股上市公司		占比	
	数量	金额（亿元）	数量	金额（亿元）	数量（%）	金额（%）
2006	6	355.94	12	568.75	50.00	62.58
2007	24	734.79	63	1631.79	38.10	45.03
2008	24	544.19	58	1089.55	41.38	49.95
2009	26	723.16	49	1556.1	53.06	46.47
2010	24	718.47	50	1106.45	48.00	64.93

续表

年份	地方国有控股上市公司		A 股上市公司		占比	
	数量	金额（亿元）	数量	金额（亿元）	数量（%）	金额（%）
2011	27	985.27	70	2300.38	38.57	42.83
2012	27	876.37	69	1635.56	39.13	53.58
2013	24	678.11	89	1619.24	26.97	41.88
2014	20	402.89	173	2767.96	11.56	14.56
2015	51	1656.23	324	6526.95	15.74	25.38
2016	37	1332.01	252	6545.76	14.68	20.35
合计	290	9007.43	1209	27348.49	23.99	32.94

数据来源：根据 Wind 资讯金融数据库提供数据综合整理而得。

3.2.2　实施了定向增发资产注入的上市公司控股股东的性质分析

按照实施了定向增发收购资产上市公司的控股股东的性质，按年度统计分析的情况见表 3 - 4。统计发现，民营控股上市公司实施了定向增发资产注入的比例最大，2006~2016 年，有 731 家民营控股上市公司实施了定向增发资产注入，占实施了定向增发资产注入上市公司的 60.46%（见图 3 - 3）。而从定向增发资产注入的规模来看（见图 3 - 4），整个国有控股上市公司资产注入规模达到了 14639.70 亿元，占全部资产注入规模的 53.53%，这其中中央国有控股上市公司资产注入规模为 5632.26 亿元，占比 20.59%，地方国有控股上市公司资产注入规模为 9007.43 亿元，占比 32.94%。而民营控股上市公司资产注入规模为 11772.00 亿元，占比 43.04%。

表 3 - 4　　2006~2016 年我国 A 股上市公司定向增发资产注入控股股东性质分布情况

年份		2006	2007	2008	2009	2010	2011	2012	2013	2014	2015	2016	合计
中央国有控股上市公司	数量	1	14	11	12	11	10	12	20	22	31	23	167
	占比（%）	8.33	22.22	18.97	24.49	22.00	14.29	17.39	22.47	12.72	9.57	9.13	13.81
	金额（亿元）	127.41	622.45	208.14	581.19	128.79	359.72	249.67	344.67	478.60	1231.65	1299.97	5632.26
	占比（%）	22.40	38.15	19.10	37.35	11.64	15.64	15.27	21.29	17.29	18.87	19.86	20.59
地方国有控股上市公司	数量	6	24	24	26	24	27	27	24	20	51	37	290
	占比（%）	50.00	38.10	41.38	53.06	48.00	38.57	39.13	26.97	11.56	15.74	14.68	23.99
	金额（亿元）	355.94	734.79	544.19	723.16	718.47	985.27	876.37	678.11	402.89	1656.23	1332.01	9007.43
	占比（%）	62.58	45.03	49.95	46.47	64.94	42.83	53.58	41.88	14.56	25.38	20.35	32.94
民营控股上市公司	数量	5	25	22	11	15	30	30	44	126	234	189	731
	占比（%）	41.67	39.68	37.93	22.45	30.00	42.86	43.48	49.44	72.83	72.22	75.00	60.46
	金额（亿元）	85.39	274.55	334.27	251.75	259.19	627.98	509.52	594.66	1794.30	3285.23	3755.16	11772.00
	占比（%）	15.01	16.83	30.68	16.18	23.43	27.30	31.15	36.72	64.82	50.33	57.37	43.04
外资控股上市公司	数量	0	0	1	0	0	3	0	1	5	8	3	21
	占比（%）	0.00	0.00	1.72	0.00	0.00	4.29	0.00	1.12	2.89	2.47	1.19	1.74
	金额（亿元）	0	0	2.94	0.00	0.00	327.40	0	1.81	92.16	353.85	158.62	936.78
	占比（%）	0.00	0.00	0.27	0.00	0.00	14.23	0.00	0.11	3.33	5.42	2.42	3.43
合计	数量	12	63	58	49	50	70	69	89	173	324	252	1209
	金额（亿元）	568.75	1631.79	1089.55	1556.10	1106.45	2300.38	1635.56	1619.24	2767.96	6526.95	6545.76	27348.49

数据来源：根据 Wind 资讯金融数据库提供数据综合整理而得。

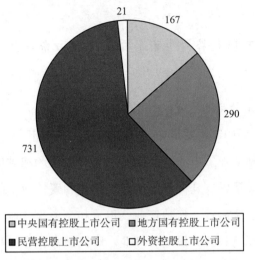

图 3 – 3　2006～2016 年我国 A 股不同控股股权性质上市公司定向增发资产数量情况

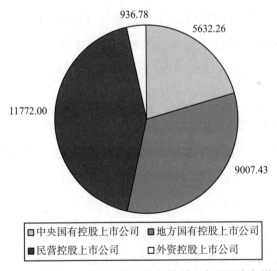

图 3 – 4　2006～2016 年我国 A 股不同控股股权性质上市公司定向增发资产规模情况

3.2.3　地方国有控股上市公司定向增发资产注入的行业分布

（1）深沪上市公司的情况。

按中国证监会 2012 年度最新的分类标准，将上市公司分为农、林、牧、渔业、采矿业、制造业、电力、热力、燃气及水生产和供应业、建筑业、批发和零售业、交通运输、仓储和邮政业、住宿和餐饮业、信息传输、软件和信息技术服务业、金融业、房地产业、租赁和商务服务业、科学研究和技术服务业、水利、环境和公共设施管理业、居民服务、修理和其他服务业、教育、卫生和社会工作、文化、体育和娱乐业和综合十九个行业。从图 3 - 5 可见，在 2006 ~ 2016 年间，实施了定向增发资产注入的上市公司主要集中分布在制造业，共有 639 家制造业上市公司实施了定向增发资产注入，占比为 52.85%，信息传输、软件和信息技术服务业为 125 家，占比为 10.34%、房地产业为 73 家，占比为 6.04%，采矿业为 59 家，占比为 4.88%（见表 3 - 5 和图 3 - 5）。

（2）地方国有控股上市公司的情况。

表 3 - 6，图 3 - 6 报告了实施了定向增发资产注入的地方国有控股上市公司的行业分布情况，制造业为 108 家，占比为 37.24%，电力、热力、燃气及水生产和供应业为 33 家，占比为 11.38%，交通运输、仓储和邮政业为 27 家，占比 9.31%，采矿业为 26 家，占比为 8.97%，房地产业为 26 家，占比为 8.97%，批发和零售业为 18 家，占比为 6.21%。

表 3 - 5　2006～2016 年我国 A 股上市公司定向增发资产注入行业分布统计

行业	2006年		2007年		2008年		2009年		2010年		2011年		2012年		2013年		2014年		2015年		2016年		合计	
	数量	比例(%)	数量	比例(%)	数量	比例(%)	数量	比例(%)	数量	比例(%)	数量	比例(%)	数量	比例(%)	数量	比例(%)	数量	比例(%)	数量	比例(%)	数量	比例(%)	数量	比例(%)
制造业－农副食品加工业	0	0.00	0	0.00	2	3.45	1	2.04	0	0.00	2	2.86	1	1.45	0	0.00	0	0.00	3	0.93	4	1.59	13	1.08
制造业－食品制造业	0	0.00	0	0.00	0	0.00	0	0.00	1	2.00	3	4.29	1	1.45	1	1.12	1	0.58	6	1.85	2	0.79	15	1.24
制造业－酒、饮料和精制茶制造业	0	0.00	0	0.00	0	0.00	0	0.00	0	0.00	0	0.00	0	0.00	0	0.00	0	0.00	1	0.31	0	0.00	1	0.08
制造业－烟草制品业	0	0.00	0	0.00	0	0.00	0	0.00	0	0.00	0	0.00	0	0.00	0	0.00	0	0.00	0	0.00	0	0.00	0	0.00
制造业－纺织业	0	0.00	0	0.00	0	0.00	1	2.04	1	2.00	0	0.00	0	0.00	0	0.00	1	0.58	1	0.31	0	0.00	4	0.33
制造业－纺织服装、服饰业	0	0.00	0	1.59	0	0.00	0	0.00	0	0.00	0	0.00	0	0.00	0	0.00	1	0.58	1	0.31	3	1.19	6	0.50
制造业－皮革、毛皮、羽毛及其制品和制鞋业	0	0.00	0	0.00	0	0.00	0	0.00	0	0.00	0	0.00	1	1.45	0	0.00	0	0.00	0	0.00	0	0.00	1	0.08

续表

行业	2006年 数量	2006年 比例(%)	2007年 数量	2007年 比例(%)	2008年 数量	2008年 比例(%)	2009年 数量	2009年 比例(%)	2010年 数量	2010年 比例(%)	2011年 数量	2011年 比例(%)	2012年 数量	2012年 比例(%)	2013年 数量	2013年 比例(%)	2014年 数量	2014年 比例(%)	2015年 数量	2015年 比例(%)	2016年 数量	2016年 比例(%)	合计 数量	合计 比例(%)
制造业-木材加工和木、竹、藤、棕、草制品业	0	0.00	0	0.00	0	0.00	0	0.00	0	0.00	0	0.00	0	0.00	0	0.00	0	0.00	1	0.31	2	0.79	3	0.25
制造业-家具制造业	0	0.00	0	0.00	0	0.00	0	0.00	0	0.00	0	0.00	0	0.00	0	0.00	0	0.00	1	0.31	0	0.00	1	0.08
制造业-造纸和纸制品业	0	0.00	2	3.17	0	0.00	0	0.00	0	0.00	0	0.00	0	0.00	0	1.12	0	0.00	1	0.31	2	0.79	6	0.50
制造业-印刷和记录媒介复制业	0	0.00	0	0.00	0	0.00	0	0.00	0	0.00	0	0.00	0	0.00	0	0.00	0	0.00	0	0.00	0	0.00	0	0.00
制造业-文教、工美、体育和娱乐用品制造业	0	0.00	0	0.00	0	0.00	0	0.00	0	0.00	0	0.00	0	0.00	0	0.00	2	1.16	1	0.31	2	0.79	5	0.41
制造业-石油、煤焦和核燃料加工工业	0	0.00	1	1.59	1	1.72	0	0.00	1	2.00	1	1.43	0	0.00	1	1.12	0	0.00	2	0.62	2	0.79	9	0.74
制造业-化学原料和化学制品制造业	0	0.00	3	4.76	0	0.00	2	4.08	0	0.00	6	8.57	3	4.35	9	10.11	7	4.05	12	3.70	20	7.94	62	5.13

续表

行业	2006年 数量	2006年 比例（%）	2007年 数量	2007年 比例（%）	2008年 数量	2008年 比例（%）	2009年 数量	2009年 比例（%）	2010年 数量	2010年 比例（%）	2011年 数量	2011年 比例（%）	2012年 数量	2012年 比例（%）	2013年 数量	2013年 比例（%）	2014年 数量	2014年 比例（%）	2015年 数量	2015年 比例（%）	2016年 数量	2016年 比例（%）	合计 数量	合计 比例（%）
制造业－医药制造业	0	0.00	1	1.59	0	0.00	3	6.12	1	2.00	1	1.43	3	4.35	10	11.24	9	5.20	15	4.63	13	5.16	56	4.63
制造业－化学纤维制造业	0	0.00	1	1.59	0	0.00	0	0.00	0	0.00	2	2.86	0	0.00	0	0.00	0	0.00	2	0.62	2	0.79	7	0.58
制造业－橡胶和塑料制品业	0	0.00	0	0.00	0	0.00	1	2.04	0	0.00	0	0.00	0	0.00	1	1.12	1	0.58	2	0.62	3	1.19	8	0.66
制造业－非金属矿物制品业	0	0.00	2	3.17	1	1.72	1	2.04	2	4.00	3	4.29	0	0.00	6	6.74	3	1.73	9	2.78	7	2.78	34	2.81
制造业－黑色金属冶炼和压延加工业	4	33.33	3	4.76	3	5.17	1	2.04	2	4.00	1	1.43	1	1.45	3	3.37	1	0.58	0	0.00	2	0.79	21	1.74
制造业－有色金属冶炼和压延加工业	0	0.00	7	11.11	0	0.00	0	0.00	0	0.00	1	1.43	0	0.00	4	4.49	6	3.47	9	2.78	2	0.79	29	2.40
制造业－金属制品业	0	0.00	1	1.59	0	0.00	0	0.00	0	0.00	0	0.00	0	0.00	0	0.00	2	1.16	2	0.62	4	1.59	9	0.74
制造业－通用设备制造业	0	0.00	3	4.76	1	1.72	1	2.04	0	0.00	0	0.00	1	1.45	2	2.25	3	1.73	12	3.70	11	4.37	34	2.81

续表

行业	2006年 数量	2006年 比例(%)	2007年 数量	2007年 比例(%)	2008年 数量	2008年 比例(%)	2009年 数量	2009年 比例(%)	2010年 数量	2010年 比例(%)	2011年 数量	2011年 比例(%)	2012年 数量	2012年 比例(%)	2013年 数量	2013年 比例(%)	2014年 数量	2014年 比例(%)	2015年 数量	2015年 比例(%)	2016年 数量	2016年 比例(%)	合计 数量	合计 比例(%)
制造业-专用设备制造业	0	0.00	3	4.76	0	0.00	4	8.16	3	6.00	2	2.86	2	2.90	3	3.37	9	5.20	22	6.79	8	3.17	56	4.63
制造业-汽车制造业	3	25.00	0	0.00	3	5.17	1	2.04	1	2.00	5	7.14	1	1.45	1	1.12	4	2.31	6	1.85	6	2.38	31	2.56
制造业-铁路、船舶、航空航天和其他运输设备制造业	0	0.00	2	3.17	3	5.17	1	2.04	2	4.00	2	2.86	3	4.35	1	1.12	3	1.73	5	1.54	4	1.59	26	2.15
制造业-电气机械和器材制造业	0	0.00	1	1.59	4	6.90	1	2.04	3	6.00	2	2.86	7	10.14	3	3.37	12	6.94	23	7.10	20	7.94	76	6.29
制造业-计算机、通信和其他电子设备制造业	0	0.00	0	0.00	3	5.17	0	0.00	4	8.00	1	1.43	3	4.35	9	10.11	19	10.98	48	14.81	18	7.14	105	8.68
制造业-仪器仪表制造业	0	0.00	0	0.00	0	0.00	0	0.00	0	0.00	0	0.00	0	0.00	0	0.00	0	0.00	4	1.23	4	1.59	8	0.66
制造业-其他制造业	0	0.00	0	0.00	0	0.00	0	0.00	1	2.00	0	0.00	0	0.00	1	1.12	1	0.58	3	0.93	5	1.98	11	0.91

续表

行业	2006年 数量	2006年 比例(%)	2007年 数量	2007年 比例(%)	2008年 数量	2008年 比例(%)	2009年 数量	2009年 比例(%)	2010年 数量	2010年 比例(%)	2011年 数量	2011年 比例(%)	2012年 数量	2012年 比例(%)	2013年 数量	2013年 比例(%)	2014年 数量	2014年 比例(%)	2015年 数量	2015年 比例(%)	2016年 数量	2016年 比例(%)	合计 数量	合计 比例(%)
制造业－废弃资源综合利用业	0	0.00	0	0.00	0	0.00	0	0.00	0	0.00	0	0.00	0	0.00	0	0.00	0	0.00	2	0.62	0	0.00	2	0.17
制造业－金属制品、机械和设备修理业	0	0.00	0	0.00	0	0.00	0	0.00	0	0.00	0	0.00	0	0.00	0	0.00	0	0.00	0	0.00	0	0.00	0	0.00
制造业小计	7	58.33	31	49.21	21	36.21	18	36.73	22	44.00	32	45.71	27	39.13	56	62.92	85	49.13	194	59.88	146	57.94	639	52.85
农、林、牧、渔业	0	0.00	0	0.00	2	3.45	1	2.04	0	0.00	0	0.00	0	0.00	1	1.12	2	1.16	3	0.93	2	0.79	11	0.91
采矿业	2	16.67	2	3.17	4	6.90	6	12.24	3	6.00	4	5.71	8	11.59	6	6.74	7	4.05	8	2.47	9	3.57	59	4.88
电力、热力、燃气及水生产和供应业	0	0.00	3	4.76	3	5.17	3	6.12	5	10.00	5	7.14	6	8.70	5	5.62	6	3.47	8	2.47	9	3.57	53	4.38
建筑业	0	0.00	1	1.59	2	3.45	1	2.04	3	6.00	1	1.43	5	7.25	2	2.25	7	4.05	5	1.54	7	2.78	34	2.81
批发和零售业	0	0.00	2	3.17	2	3.45	2	4.08	6	12.00	7	10.00	1	1.45	1	1.12	8	4.62	13	4.01	13	5.16	55	4.55
交通运输、仓储和邮政业	0	0.00	6	9.52	3	5.17	1	2.04	3	6.00	4	5.71	3	4.35	2	2.25	1	0.58	4	1.23	8	3.17	35	2.89
住宿和餐饮业	0	0.00	0	0.00	0	0.00	0	0.00	0	0.00	0	0.00	0	0.00	0	0.00	0	0.00	0	0.00	1	0.40	1	0.08

续表

行业	2006年 数量	2006年 比例(%)	2007年 数量	2007年 比例(%)	2008年 数量	2008年 比例(%)	2009年 数量	2009年 比例(%)	2010年 数量	2010年 比例(%)	2011年 数量	2011年 比例(%)	2012年 数量	2012年 比例(%)	2013年 数量	2013年 比例(%)	2014年 数量	2014年 比例(%)	2015年 数量	2015年 比例(%)	2016年 数量	2016年 比例(%)	合计 数量	合计 比例(%)
信息传输、软件和信息技术服务业	0	0.00	2	3.17	1	1.72	0	0.00	0	0.00	3	4.29	6	8.70	7	7.87	30	17.34	47	14.51	29	11.51	125	10.34
金融业	0	0.00	5	7.94	1	1.72	1	2.04	1	2.00	2	2.86	1	1.45	1	1.12	1	0.58	2	0.62	3	1.19	18	1.49
房地产业	3	25.00	11	17.46	13	22.41	14	28.57	3	6.00	6	8.57	2	2.90	0	0.00	3	1.73	10	3.09	8	3.17	73	6.04
租赁和商务服务业	0	0.00	0	0.00	2	3.45	1	2.04	0	0.00	2	2.86	4	5.80	2	2.25	4	2.31	10	3.09	6	2.38	31	2.56
科学研究和技术服务业	0	0.00	0	0.00	1	1.72	0	0.00	1	2.00	0	0.00	0	0.00	0	0.00	3	1.73	3	0.93	2	0.79	10	0.83
水利、环境和公共设施管理业	0	0.00	0	0.00	0	0.00	1	2.04	0	0.00	2	2.86	3	4.35	1	1.12	4	2.31	1	0.31	2	0.79	14	1.16
居民服务、修理和其他服务业	0	0.00	0	0.00	0	0.00	0	0.00	0	0.00	0	0.00	0	0.00	0	0.00	0	0.00	0	0.00	0	0.00	0	0.00
教育	0	0.00	0	0.00	0	0.00	0	0.00	0	0.00	0	0.00	0	0.00	0	0.00	1	0.58	0	0.00	0	0.00	1	0.08
卫生和社会工作	0	0.00	0	0.00	0	0.00	0	0.00	0	0.00	0	0.00	0	0.00	0	0.00	0	0.00	2	0.62	1	0.40	3	0.25

续表

行业	2006年		2007年		2008年		2009年		2010年		2011年		2012年		2013年		2014年		2015年		2016年		合计	
	数量	比例(%)	数量	比例(%)	数量	比例(%)	数量	比例(%)	数量	比例(%)	数量	比例(%)	数量	比例(%)	数量	比例(%)	数量	比例(%)	数量	比例(%)	数量	比例(%)	数量	比例(%)
文化、体育和娱乐业	0	0.00	0	0.00	2	3.45	0	0.00	1	2.00	2	2.86	3	4.35	4	4.49	10	5.78	12	3.70	3	1.19	37	3.06
综合	0	0.00	0	0.00	1	1.72	0	0.00	2	4.00	0	0.00	0	0.00	1	1.12	1	0.58	2	0.62	3	1.19	10	0.83
合计	12	100.00	63	100.00	58	100.00	49	100.00	50	100.00	70	100.00	69	100.00	89	100.00	173	100.00	324	100.00	252	100.00	1209	100.00

数据来源：根据 Wind 资讯金融数据库提供数据综合整理而得。

表3-6　2006~2016年我国A股地方国有控股上市公司定向增发资产注入行业分布统计

行业	2006年		2007年		2008年		2009年		2010年		2011年		2012年		2013年		2014年		2015年		2016年		合计	
	数量	比例(%)	数量	比例(%)	数量	比例(%)	数量	比例(%)	数量	比例(%)	数量	比例(%)	数量	比例(%)	数量	比例(%)	数量	比例(%)	数量	比例(%)	数量	比例(%)	数量	比例(%)
制造业-农副食品加工业	0	0.00	0	0.00	1	4.17	1	3.85	0	0.00	0	0.00	0	0.00	0	0.00	0	0.00	1	1.96	0	0.00	3	1.03
制造业-食品制造业	0	0.00	0	0.00	0	0.00	0	0.00	1	4.17	1	3.70	0	0.00	1	4.17	0	0.00	2	3.92	0	0.00	5	1.72
制造业-纺织业	0	0.00	0	0.00	0	0.00	0	0.00	0	0.00	0	0.00	0	0.00	0	0.00	0	0.00	1	1.96	0	0.00	1	0.34
制造业-家具制造业	0	0.00	0	0.00	0	0.00	0	0.00	0	0.00	0	0.00	0	0.00	0	0.00	0	0.00	1	1.96	0	0.00	1	0.34
制造业-造纸和纸制品业	0	0.00	0	0.00	0	0.00	0	0.00	0	0.00	0	0.00	0	0.00	0	0.00	0	0.00	1	1.96	0	0.00	1	0.34
制造业-石油、炼焦和核燃料加工业	0	0.00	1	4.17	1	4.17	0	0.00	1	4.17	1	3.70	0	0.00	1	4.17	0	0.00	0	0.00	1	2.70	6	2.07
制造业-化学原料和化学制品制造业	0	0.00	2	8.33	0	0.00	0	0.00	0	0.00	1	3.70	3	11.11	1	4.17	1	5.00	2	3.92	5	13.51	15	5.17
制造业-医药制造业	0	0.00	0	0.00	0	0.00	0	0.00	0	0.00	0	0.00	1	3.70	3	12.50	0	0.00	2	3.92	1	2.70	7	2.41

续表

行业	2006年 数量	2006年 比例(%)	2007年 数量	2007年 比例(%)	2008年 数量	2008年 比例(%)	2009年 数量	2009年 比例(%)	2010年 数量	2010年 比例(%)	2011年 数量	2011年 比例(%)	2012年 数量	2012年 比例(%)	2013年 数量	2013年 比例(%)	2014年 数量	2014年 比例(%)	2015年 数量	2015年 比例(%)	2016年 数量	2016年 比例(%)	合计 数量	合计 比例(%)
制造业－化学纤维制造业	0	0.00	0	0.00	0	0.00	0	0.00	0	0.00	0	0.00	0	0.00	0	0.00	0	0.00	1	1.96	1	2.70	2	0.69
制造业－橡胶和塑料制品业	0	0.00	0	0.00	0	0.00	0	0.00	0	0.00	0	0.00	0	0.00	1	4.17	0	0.00	0	0.00	0	0.00	1	0.34
制造业－非金属矿物制品业	0	0.00	2	8.33	0	0.00	1	3.85	0	0.00	0	0.00	0	0.00	0	0.00	0	0.00	0	0.00	0	0.00	3	1.03
制造业－黑色金属冶炼和压延加工业	2	33.33	3	12.50	3	12.50	1	3.85	0	0.00	1	3.70	1	3.70	3	12.50	1	5.00	0	0.00	2	5.41	17	5.86
制造业－有色金属冶炼和压延加工业	0	0.00	3	12.50	0	0.00	0	0.00	0	0.00	0	0.00	0	0.00	1	4.17	1	5.00	2	3.92	0	0.00	7	2.41
制造业－通用设备制造业	0	0.00	0	0.00	0	0.00	0	0.00	0	0.00	0	0.00	1	3.70	0	0.00	1	5.00	3	5.88	1	2.70	6	2.07
制造业－专用设备制造业	0	0.00	0	0.00	0	0.00	1	3.85	0	0.00	1	3.70	0	0.00	2	8.33	1	5.00	2	3.92	0	0.00	7	2.41
制造业－汽车制造业	2	33.33	0	0.00	1	4.17	1	3.85	0	0.00	2	7.41	0	0.00	0	0.00	0	0.00	2	3.92	2	5.41	10	3.45

续表

行业	2006年		2007年		2008年		2009年		2010年		2011年		2012年		2013年		2014年		2015年		2016年		合计	
	数量	比例(%)	数量	比例(%)	数量	比例(%)	数量	比例(%)	数量	比例(%)	数量	比例(%)	数量	比例(%)	数量	比例(%)	数量	比例(%)	数量	比例(%)	数量	比例(%)	数量	比例(%)
制造业 – 铁路、船舶、航空航天和其他运输设备制造业	0	0.00	0	0.00	0	0.00	0	0.00	0	0.00	0	0.00	0	0.00	0	0.00	0	0.00	1	1.96	0	0.00	1	0.34
制造业 – 电气机械和器材制造业	0	0.00	0	0.00	1	4.17	0	0.00	1	4.17	0	0.00	0	0.00	0	0.00	0	0.00	2	3.92	0	0.00	4	1.38
制造业 – 计算机、通信和其他电子设备制造业	0	0.00	0	0.00	0	0.00	0	0.00	2	8.33	0	0.00	0	0.00	0	0.00	0	0.00	4	7.84	3	8.11	9	3.10
制造业 – 仪器仪表制造业	0	0.00	0	0.00	0	0.00	0	0.00	0	0.00	0	0.00	0	0.00	0	0.00	0	0.00	0	0.00	0	0.00	0	0.00
制造业 – 其他制造业	0	0.00	0	0.00	0	0.00	0	0.00	1	4.17	0	0.00	0	0.00	0	0.00	0	0.00	0	0.00	0	0.00	1	0.34
制造业 – 废弃资源综合利用业	0	0.00	0	0.00	0	0.00	0	0.00	0	0.00	0	0.00	0	0.00	0	0.00	0	0.00	1	1.96	0	0.00	1	0.34
制造业小计	4	66.67	11	45.83	7	29.17	5	19.23	6	25.00	7	25.93	6	22.22	13	54.17	5	25.00	28	54.90	16	43.24	108	37.24

续表

行业	2006年 数量	2006年 比例(%)	2007年 数量	2007年 比例(%)	2008年 数量	2008年 比例(%)	2009年 数量	2009年 比例(%)	2010年 数量	2010年 比例(%)	2011年 数量	2011年 比例(%)	2012年 数量	2012年 比例(%)	2013年 数量	2013年 比例(%)	2014年 数量	2014年 比例(%)	2015年 数量	2015年 比例(%)	2016年 数量	2016年 比例(%)	合计 数量	合计 比例(%)
农、林、牧、渔业	0	0.00	0	0.00	1	4.17	1	3.85	0	0.00	0	0.00	0	0.00	0	0.00	1	5.00	1	1.96	0	0.00	4	1.38
采矿业	2	33.33	0	0.00	2	8.33	4	15.38	2	8.33	1	3.70	4	14.81	2	8.33	1	5.00	3	5.88	5	13.51	26	8.97
电力、热力、燃气及水生产和供应业	0	0.00	3	12.50	1	4.17	1	3.85	3	12.50	4	14.81	5	18.52	5	20.83	4	20.00	2	3.92	5	13.51	33	11.38
建筑业	0	0.00	0	0.00	1	4.17	0	0.00	1	4.17	1	3.70	3	11.11	1	4.17	0	0.00	0	0.00	0	0.00	7	2.41
批发和零售业	0	0.00	0	0.00	1	4.17	2	7.69	4	16.67	5	18.52	0	0.00	0	0.00	2	10.00	4	7.84	0	0.00	18	6.21
交通运输、仓储和邮政业	0	0.00	3	12.50	3	12.50	1	3.85	2	8.33	4	14.81	3	11.11	1	4.17	1	5.00	2	3.92	7	18.92	27	9.31
信息传输、软件和信息技术服务业	0	0.00	1	4.17	0	0.00	0	0.00	0	0.00	1	3.70	1	3.70	0	0.00	1	5.00	1	1.96	0	0.00	5	1.72
金融业	0	0.00	3	12.50	0	0.00	1	3.85	1	4.17	1	3.70	0	0.00	0	0.00	0	0.00	0	0.00	1	2.70	7	2.41
房地产业	0	0.00	3	12.50	4	16.67	11	42.31	1	4.17			2	7.41	0	0.00	0	0.00	5	9.80	2	5.41	26	8.97
租赁和商务服务业	0	0.00	0	0.00	1	4.17	0	0.00	0	0.00	1	3.70	2	7.41	0	0.00	1	5.00	1	1.96	1	2.70	7	2.41

续表

行业	2006年		2007年		2008年		2009年		2010年		2011年		2012年		2013年		2014年		2015年		2016年		合计	
	数量	比例(%)	数量	比例(%)	数量	比例(%)	数量	比例(%)	数量	比例(%)	数量	比例(%)	数量	比例(%)	数量	比例(%)	数量	比例(%)	数量	比例(%)	数量	比例(%)	数量	比例(%)
科学研究和技术服务业	0	0.00	0	0.00	1	4.17	0	0.00	1	4.17	0	0.00	0	0.00	0	0.00	0	0.00	1	1.96	0	0.00	3	1.03
水利、环境和公共设施管理业	0	0.00	0	0.00	0	0.00	0	0.00	0	0.00	1	3.70	1	3.70	1	4.17	1	5.00	0	0.00	0	0.00	4	1.38
文化、体育和娱乐业	0	0.00	0	0.00	2	8.33	0	0.00	1	4.17	1	3.70	2	7.41	1	4.17	2	10.00	3	5.88	0	0.00	12	4.14
综合	0	0.00	0	0.00	0	0.00	0	0.00	2	8.33	0	0.00	0	0.00	0	0.00	1	5.00	0	0.00	0	0.00	3	1.03
合计	6	100.00	24	100.00	24	100.00	26	100.00	24	100.00	27	100.00	27	100.00	24	100.00	20	100.00	51	100.00	37	100.00	290	100.00

数据来源：根据 Wind 资讯金融数据库提供数据综合整理而得。

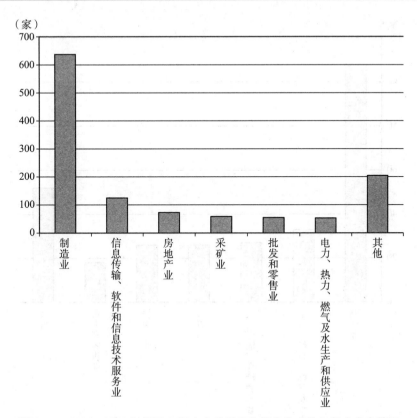

图 3 – 5　2006 ~ 2016 年我国 A 股上市公司定向增发资产注入行业分布情况

　　表 3 – 7 进一步分析了地方国有控股上市公司和全部深沪上市公司的定向增发资产注入行业集中度的情况，统计发现，制造业类上市公司集中度最高，一些新兴行业类上市公司，如信息传输、软件和信息技术服务业，通过定向增发资产注入的公司也在呈递增趋势，而其他行业的资产注入普遍较少。进一步观察表 3 – 5、表 3 – 6 的统计结果，可以发现，从重要性来说，这些发生资产注入较多的行业大多都是国家的支柱产业，其中有不少都是以国有企业作为行业的生力军，体现了国有资本调整和国有企业重组的国家政策导向作用，即通过国有股股东向控股的国企注入相关资产，使国有资本在关系国家

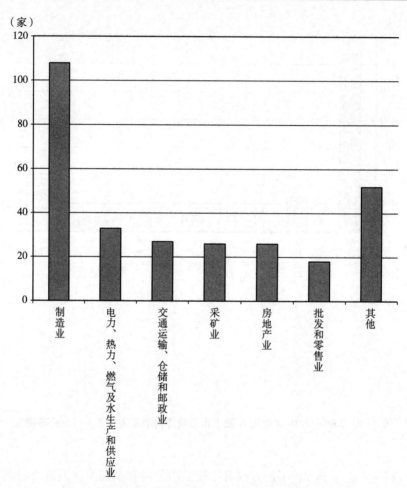

图 3 - 6 2006 ~ 2016 年我国 A 股地方国有控股上市公司

定向增发资产注入行业分布情况

安全和国民经济命脉的领域集中,保持国有资本在这些行业的经济影响力和较强的控制力。另外,上市公司通过收购大股东的资产,可以减少现有上市业务同未上市业务之间的关联方交易,避免同业竞争,克服上市公司低水平重复建设,扩大上市规模或者将完善的生产产业链置于上市公司中,从而体现规模协同效应,实现规模经济,降低生产经营成本,并实现组织资本优势的转移，真正提升上市公司竞争能力。

表 3 - 7　　　　　　　　　2006～2016 年我国 A 股上市公司定向

增发资产注入行业集中分布比较

地方国有控股上市公司			A 股上市公司		
行业	数量	比例（%）	行业	数量	比例（%）
制造业	108	37.24	制造业	639	52.85
电力、热力、燃气及水生产和供应业	33	11.38	信息传输、软件和信息技术服务业	125	10.34
交通运输、仓储和邮政业	27	9.31	房地产业	73	6.04
采矿业	26	8.97	采矿业	59	4.88
房地产业	26	8.97	批发和零售业	55	4.55
批发和零售业	18	6.21	电力、热力、燃气及水生产和供应业	53	4.38
其他	52	17.93	其他	205	16.96
合计	290	100.00	合计	1209	100.00

数据来源：根据 Wind 资讯金融数据库提供数据综合整理而得。

3.2.4　地方国有控股上市公司定向增发资产注入发行对象情况

（1）深沪上市公司的总体情况。

表 3 - 8 报告了我国上市公司定向增发资产注入按照发行对象的统计描述情况。2006～2016 年，在定向增发资产注入的上市公司中，控股股东及其关联股东参与认购的有 492 家，占全部定向增发资产注入上市公司的 40.69%，而定向增发资产注入发行对象不包含控股股东及其关联股东的上市公司有 717，占比 59.31%。可见，在定向增发资产注入的上市公司中，控股股东及其关联股东参与认购的比例较大。

表 3 – 8　　2006 ~ 2016 年我国 A 股上市公司定向增发资产注入发行对象统计

发行对象		大股东	大股东关联方	机构投资者	境内自然人	其他（含大股东）①	其他（不含大股东）②	合计
2006 年	数量	10	1	0	0	1	0	12
	比例（%）	83.33	8.33	0.00	0.00	8.33	0.00	100.00
2007 年	数量	29	4	10	0	18	2	63
	比例（%）	46.03	6.35	15.87	0.00	28.57	3.17	100.00
2008 年	数量	30	4	12	2	7	3	58
	比例（%）	51.72	6.90	20.69	3.45	12.07	5.17	100.00
2009 年	数量	22	5	9	0	9	4	49
	比例（%）	44.90	10.20	18.37	0.00	18.37	8.16	100.00
2010 年	数量	16	7	8	3	11	5	50
	比例（%）	32.00	14.00	16.00	6.00	22.00	10.00	100.00
2011 年	数量	12	8	10	3	21	16	70
	比例（%）	17.14	11.43	14.29	4.29	30.00	22.86	100.00
2012 年	数量	17	5	11	5	17	14	69
	比例（%）	24.64	7.25	15.94	7.25	24.64	20.29	100.00
2013 年	数量	13	4	10	7	23	32	89
	比例（%）	14.61	4.49	11.24	7.87	25.84	35.96	100.00
2014 年	数量	13	4	18	30	27	81	173
	比例（%）	7.51	2.31	10.40	17.34	15.61	46.82	100.00
2015 年	数量	20	12	34	54	54	150	324
	比例（%）	6.17	3.70	10.49	16.67	16.67	46.30	100.00
2016 年	数量	12	9	31	41	47	112	252
	比例（%）	4.76	3.57	12.30	16.27	18.65	44.44	100.00
合计	数量	194	63	153	145	235	419	1209
	比例（%）	16.05	5.21	12.66	11.99	19.44	34.66	100.00

数据来源：根据 Wind 资讯金融数据库提供数据综合整理而得。

注：①其他（含大股东）是指发行对象类别包含了大股东在内的两类或两类以上投资者类型。
②其他（不含大股东）是指发行对象类别包含两类或两类以上投资者类型，但其中并不包含大股东。

（2）地方国有控股上市公司的情况。

表 3-9 报告了地方国有控股上市公司定向增发注入资产按照发行对象的统计描述情况。2006~2016 年，在定向增发资产注入的地方国有控股上市公司中，控股股东及其关联股东参与认购的有 180 家，占全部定向增发资产注入上市公司的 62.07%。可见，在实施了定向增发资产注入的地方国有控股上市公司中，控股股东及其关联股东参与认购的比例要高于深沪上市公司的总体情况。

表 3-9　　　　　　　2006~2016 年我国 A 股地方国有控股上市
公司定向增发资产注入发行对象统计

发行对象		大股东	大股东关联方	机构投资者	境内自然人	其他（含大股东）	其他（不含大股东）	合计
2006 年	数量	6	0	0	0	0	0	6
	比例（%）	100.00	0.00	0.00	0.00	0.00	0.00	100.00
2007 年	数量	10	0	5	0	9	0	24
	比例（%）	41.67	0.00	20.83	0.00	37.50	0.00	100.00
2008 年	数量	10	2	7	0	3	2	24
	比例（%）	41.67	8.33	29.17	0.00	12.50	8.33	100.00
2009 年	数量	12	2	6	0	5	1	26
	比例（%）	46.15	7.69	23.08	0.00	19.23	3.85	100.00
2010 年	数量	8	2	5	0	6	3	24
	比例（%）	33.33	8.33	20.83	0.00	25.00	12.50	100.00
2011 年	数量	7	2	6	0	7	5	27
	比例（%）	25.93	7.41	22.22	0.00	25.93	18.52	100.00

发行对象		大股东	大股东关联方	机构投资者	境内自然人	其他（含大股东）	其他（不含大股东）	合计
2012 年	数量	11	2	5	0	6	3	27
	比例（%）	40.74	7.41	18.52	0.00	22.22	11.11	100.00
2013 年	数量	7	0	5	0	10	2	24
	比例（%）	29.17	0.00	20.83	0.00	41.67	8.33	100.00
2014 年	数量	4	1	4	1	3	7	20
	比例（%）	20.00	5.00	20.00	5.00	15.00	35.00	100.00
2015 年	数量	6	3	9	4	13	16	51
	比例（%）	11.76	5.88	17.65	7.84	25.49	31.37	100.00
2016 年	数量	7	2	3	2	14	9	37
	比例（%）	18.92	5.41	8.11	5.41	37.84	24.32	100.00
合计	数量	88	16	55	7	76	48	290
	比例（%）	30.34	5.52	18.97	2.41	26.21	16.55	100.00

数据来源：根据 Wind 资讯金融数据库提供数据综合整理而得。

3.2.5　我国上市公司定向增发资产注入的目的分析

（1）深沪上市公司的总体情况。

表 3 - 10 报告了我国上市公司定向增发资产注入发行目的的总体情况，2006 ~ 2016 年，我国上市公司定向增发资产注入宣告的目的中，通过融资收购其他资产的目的最为突出，在全部资产注入的上市公司中占比 60.38%，其次则为集团公司整体上市。

表 3 – 10   2006 ~ 2016 年我国 A 股上市公司定向增发资产注入发行目的统计

发行目的		集团公司整体上市	融资收购其他资产	壳资源重组	实际控制人资产注入	公司间资产置换重组	合计
2006 年	数量	5	4	0	2	1	12
	比例（%）	41.67	33.33	0.00	16.67	8.33	100.00
2007 年	数量	20	18	8	14	3	63
	比例（%）	31.75	28.57	12.70	22.22	4.76	100.00
2008 年	数量	18	20	3	11	6	58
	比例（%）	31.03	34.48	5.17	18.97	10.34	100.00
2009 年	数量	20	9	4	13	3	49
	比例（%）	40.82	18.37	8.16	26.53	6.12	100.00
2010 年	数量	19	20	3	8	0	50
	比例（%）	38.00	40.00	6.00	16.00	0.00	100.00
2011 年	数量	28	22	7	5	8	70
	比例（%）	40.00	31.43	10.00	7.14	11.43	100.00
2012 年	数量	18	18	8	11	14	69
	比例（%）	26.09	26.09	11.59	15.94	20.29	100.00
2013 年	数量	14	46	20	7	2	89
	比例（%）	15.73	51.69	22.47	7.87	2.25	100.00
2014 年	数量	9	121	24	0	19	173
	比例（%）	5.20	69.94	13.87	0.00	10.98	100.00
2015 年	数量	17	251	33	20	3	324
	比例（%）	5.25	77.47	10.19	6.17	0.93	100.00
2016 年	数量	5	201	20	22	4	252
	比例（%）	1.98	79.76	7.94	8.73	1.59	100.00
合计	数量	173	730	130	113	63	1209
	比例（%）	14.31	60.38	10.75	9.35	5.21	100.00

数据来源：根据 Wind 资讯金融数据库提供数据综合整理而得。

（2）地方国有控股上市公司的情况。

2006～2016 年，地方国有控股上市公司定向增发资产注入的发行目的中
（见表 3－11），集团公司整体上市和融资收购其他资产的目的占比最大，分
别为 31.03% 和 40.34%，这与深沪上市公司的情况有较大差异。

表 3－11　　　　　　　2006～2016 年我国 A 股地方国有控股上市
公司定向增发资产注入发行目的统计

发行目的		集团公司整体上市	融资收购其他资产	壳资源重组	实际控制人资产注入	公司间资产置换重组	合计
2006 年	数量	3	2	0	0	1	6
	比例（%）	50.00	33.33	0.00	0.00	16.67	100.00
2007 年	数量	10	7	3	3	1	24
	比例（%）	41.67	29.17	12.50	12.50	4.17	100.00
2008 年	数量	6	13	1	1	3	24
	比例（%）	25.00	54.17	4.17	4.17	12.50	100.00
2009 年	数量	11	4	2	7	2	26
	比例（%）	42.31	15.38	7.69	26.92	7.69	100.00
2010 年	数量	11	7	3	3	0	24
	比例（%）	45.83	29.17	12.50	12.50	0.00	100.00
2011 年	数量	12	10	2	2	1	27
	比例（%）	44.44	37.04	7.41	7.41	3.70	100.00
2012 年	数量	12	3	3	4	5	27
	比例（%）	44.44	11.11	11.11	14.81	18.52	100.00
2013 年	数量	7	9	4	4	0	24
	比例（%）	29.17	37.50	16.67	16.67	0.00	100.00

续表

发行目的		集团公司整体上市	融资收购其他资产	壳资源重组	实际控制人资产注入	公司间资产置换重组	合计
2014 年	数量	3	12	2	3	0	20
	比例（%）	15.00	60.00	10.00	15.00	0.00	100.00
2015 年	数量	10	31	4	4	2	51
	比例（%）	19.61	60.78	7.84	7.84	3.92	100.00
2016 年	数量	5	19	3	7	3	37
	比例（%）	13.51	51.35	8.11	18.92	8.11	100.00
合计	数量	90	117	27	38	18	290
	比例（%）	31.03	40.34	9.31	13.10	6.21	100.00

数据来源：根据 Wind 资讯金融数据库提供数据综合整理而得。

第4章

本书的理论基础

4.1 政府干预理论

政府干预经济活动是一个全球普遍现象（法乔等，2006），也是经济学和管理学研究的重点和热点问题，学者们对政府干预经济活动的动机及对企业的日常经营活动的影响等方面进行了大量的研究，并形成了比较成熟理论。

4.1.1 市场失灵理论

根据古典自由主义经济学家的普遍观点，一旦社会经济活动中的个体都只顾追求自身利益最大化时，会有一只"看不见的手"适时出现并发挥作用，对个体行为进行一定引导，促使他们为全体公众最佳福利的实现而付诸相应行动，这只"看不见的手"就是市场。而在一个自由竞争的市场环境中，政府只要在经济活动中扮演好"守夜者"的角色就已经足够了，因为任何政府干预行为都极有可能会破坏正常的自由竞争（亚当·斯密，1776）。具体而言，在完全竞争条件下，竞争在不受任何干扰与阻碍的前提下充分展开，可以使所有的资源得到最为充分的、合理的和有效的配置与利用，只需要通过市场这只"看不见的手"加以调节即可，并不需要政府这只"看得见的手"进行干预。

然而，随着经济学理论的不断完善和发展，古典主义经济学理论的许多局限性逐步暴露出来。到了 20 世纪 30 年代，美国资本主义经济危机爆发，并蔓延至多个国家和地区，引发世界性的经济大萧条，使人们更加充分地意识到，虽然市场在资源配置中的重要作用是不能被轻易替代的，但在一些特定条件下，市场也会失效，致使资源不能完全依靠市场得到有效配置，这就是市场失灵（Market Failure）。市场失灵易导致各种经济和社会问题，如失业、贫富的巨大差距、货币混乱、过度环境污染等。在市场失灵时，政府的职能必须作出相应转变，从仅仅当好"守夜人"转为对经济实施一定程度的干预，必要时甚至要对经济进行重大干预，对市场潜在的缺陷进行一定弥补和修复，从而有效缓解市场失灵所引发的各种问题。

凯恩斯（1936）是政府干预理论重要的奠基人之一。他在《就业、利息和货币通论》一书中，结合经济实践中的种种问题，指出了古典自由主义经济学理论的一些缺陷，建议国家和政府应该对经济实施干预政策，弥补市场"失灵"的缺陷，以促进经济增长、提高就业水平、稳定社会秩序等诸多方面，并在此基础上，提出了著名的凯恩斯理论（Keynesian）。凯恩斯理论的中心思想是，既然市场失灵的情况在现实中不可避免，那么，要实现经济均衡发展，不能单纯依靠自由竞争的市场机制，还必须建立科学规范的政府，并由政府对经济进行各种形式的干预。凯恩斯理论为发达国家在二十世纪三四十年代后的政府管制制度的发展和完善奠定了坚实的理论基础，也成为新古典主义经济学派的代表性理论，在西方经济学思想史中具有举足轻重的地位。

在政府干预经济的理论体系中，市场失灵理论是一个重要理论，它解释了政府干预可以弥补市场"失灵"的作用，提出了政府干预经济的必要性，解释了政府干预在解决外部性问题、恶性竞争问题等方面所产生的作用。

4.1.2　垄断理论

竞争是市场经济长期存在和运行下去的秘诀，自由竞争的良性状态是所有资源得到合理配置、市场经济协调发展的必要保障，也是市场经济的灵魂。离开了自由竞争，市场经济就很可能因缺少进步而难以为继。然而，由于市场本身并不能充分维护公平竞争（王晓晔，1996），在现实中，常常可以看到的是，一些企业不愿意承担竞争压力和风险，希望获得垄断优势，因而它们总是试图通过各种手段来逃避竞争，甚至消灭竞争对手。显然，这样的垄断把自由竞争排除在外，阻止或限制了其他企业进入市场，剥夺了其他企业与垄断企业在同一领域展开公平竞争的权利和机会，损害了正常的市场经济秩序。进一步而已，由于失去了竞争，生产者和销售者变得更加随心所欲，他们可以无视消费者对商品或服务的质量要求，可以强迫消费者接受不合理的条件，可以任意定价，还可以有差别地对待不同消费者。在垄断状态下，消费者根本没有消费主权，只能任由处于强势一方的企业等市场主体摆布，最终为垄断"买单"，深受其害的还是消费者。因此，在仅仅依靠市场自身根本无法解决问题的时候，出于反垄断和禁止各种不正当竞争的考虑，政府需要对市场经济进行必要干预，尤其需要关注身为市场最重要主体的企业的各种行为进行干预。

垄断所导致的市场机制的"失灵"以及由此产生的问题和矛盾，促使各国都采用政府干预这只"看得见的手"，与市场这只"看不见的手"共同作用于经济，政府通过经营和控制某些企业、对税收收入再分配、实施必要的金融货币政策等多种手段，来克服市场"失灵"的缺陷是导致的不利影响，度过经济增长缓慢的非常时期，带动经济持续发展。由此可见，市场的固有缺陷决定了市场经济中必须存在政府干预，高质量、高效率的政府通过对身为市场主体的企业进行一定干预，能够打击甚至消除某些企业的行业垄断、恶性竞争等扰乱市场秩序、破坏公平竞争环境的行为，为所有企业在一个更加公平有序的市场环境中自由竞争、实现各方面能力提升等奠定坚实基础。

4.1.3　外部性理论

在经济学上，外部性（Externalities）又称外部效应或效果（External Effects），它是指"交易中未加考虑而由第三者承受的效果"（丹尼尔，1999）。外部性可以分为正外部性和负外部性，当市场失灵时，产生的就是负外部性。负外部性损害了与市场交易当事人无关的公众利益，降低了社会的资源配置效率。

根据丹尼尔（1999）的论述，市场的负外部性主要表现为三点：一是局外性，即企业等市场主体的经济活动不仅直接影响参与经济活动的当事人的利益，还会对与经济活动并无直接关系的公众等外部群体的利益产生影响，企业对环境的污染就是局外性的一个典型例子；二是非价格性，即企业或个人等经济活动中的当事人只会考虑自身的收益或损失，并以价格的形式对这些潜在的得失在契约中予以反映，而约定的价格不会考虑和反映其他外部人的利益，当外部利益相关者的利益受到损害时，市场也不会要求经济活动当事人为其付出相应的成本或代价；三是危害性，即随着当今市场经济的迅猛发展，外部性的影响范围也不断扩大，不仅影响当代公众，还会在未来影响全体人类的后代，如果任凭负外部性产生并不断膨胀，那么由此引发的资源枯竭、环境恶化、生存成本的提高等问题将成为国家和全人类都面临的发展威胁。正是由于市场会产生负外部性，导致经济主体行为所产生的成本和收益不对称，妨碍市场有效率地配置资源。因此，需要政府采用各种干预和管制手段，增加负外部性行为付出的成本，减少负外部性带来的不利影响，增加正外部性产生的收益。从企业层面来看，企业作为市场主体和社会的一分子，其行为不能只狭隘地考虑自身利益最大化，还必须充分履行必要的社会责任，关注社会公众等外部利益相关者的基本权益，而政府要对企业行为采取一定的干预措施，以强化企业应尽的社会责任，对企业的负外部性行为予以及时抑制和矫正。

外部性理论能够较好地诠释政府对市场进行干预、管制的必要性。一方面，市场经济活动的负外部性是政府管制和干预的主要原因。当纯粹意义上的完全市场化不存在时，市场对资源的配置是无效率或低效率的，此时减少其他"旁观者"的福利是不需要作出必要补偿的，市场主体为追求自身福利的最大化而侵害其他"旁观者"福利的动机将会得到强化。哈丁（1968）①的"公地悲剧"是说明负外部性的一个形象例子，当每个放牧者都只顾自己养殖的牲畜要尽可能多地吃到牧草，而不考虑其他放牧者的利益时，只能导致牧场不断退化，最终所有放牧者都无法再从牧场中获得福利，此时就需要政府制定相关政策对每个放牧者的行为进行规范。鉴于此，政府应充分发挥其在资源配置方面的作用，依靠行政干预的力量，对市场中的负外部性问题加以抑制，从而改善各方福利，维护全社会的公共利益。另一方面，在市场上，一些具有正外部性的经济活动虽然使部分个体获益，却无法得到来自这些获益方的补偿，因而也需要政府通过实施激励性或强制性措施，以促进公共福利的增加。

---

① Hardin G. The Tragedy of the Commons [J]. Science, 1968, 162 (5364): 1243 – 1248.

4.1.4 政府"掠夺之手"与"支持之手"理论

施莱弗和魏施尼（1994，1998）对政府干预经济的动机和后果作了全面总结，提出了政府"掠夺之手"与"支持之手"的经典理论。他们指出，政府在宏观经济运行和微观企业的经济活动中可能扮演两种角色。第一种角色称为"支持之手"，假设政府的目标为社会福利最大化，此时政府可以在"看不见的手"无法发挥作用导致市场失灵的领域对宏观经济和微观经济主体（企业）进行适当的管制和调整，以限制垄断、矫正负外部效应、降低信息不对称等，这也是对前文几个政府干预的理论基础的总结。但是"支持之手"的理论却无法解释政府的全部干预行为，实际上经济管制的存在可以产生寻租的空间，使得政府乐于积极对经济和企业施加干预，通过攫取企业价值来为自身谋求利益。此时，政府扮演了第二种角色，即"掠夺之手"。与社会福利最大化不同，"掠夺之手"假设政府是以自身私益最大化为目标的，从某种意义上讲，政府也是具有一己之私的"理性经济人"，其对经济和企业活动的干预很可能会凌驾于法律和制度之上，将政府和官员个人的意志、目标等强加于企业，甚至发生违背市场正常运行规律、破坏市场经济秩序的干预行为。"掠夺之手"理论更加符合经济学中的理性和自利假设，在此假设之下，可以解释官员利益集团的寻租行为、政府的创租行为、腐败等现象。"掠夺之手"假设表明政府并非是服务于社会福利最大化的，国家是博弈的均衡结果，是社会各个利益集团相互妥协后的产物。"掠夺之手"的假设使得关于政府在经济活动中作用的研究能够更加接近现实，并同时承认了政府的局限性。

4.2　利益输送理论

4.2.1　代理理论

委托—代理理论（Principal – Agent Theory）是威尔逊（1969）①、斯彭斯和泽克豪泽（1971）②和罗斯（1973）③等人在契约理论基础上研究企业内部信息不对称和激励问题时提出来的。该理论研究认为在委托—代理关系中，委托人与代理人作为理性经济人具有自身利益最大化的倾向，委托人与代理人的效用函数并不一致，这必然会导致两者存在利益冲突。因此，在没有有效的制度约束（法律、契约不完善）下，代理人很有可能侵害委托人利益。

伯利和米恩斯（1932）提出了所有权与控制权相分离的代理理论，他们认为高度分散的股权结构是美国上市公司的基本特征，分散的中小股东存在"搭便车"的现象，没有动力也没有能力对公司管理层进行有效的监督和制约，因而使得单个股东难以行使其公司决策权和监督权，而相应的未拥有任何股权的公司管理层却实际掌握了公司控制权，成为公司的实际支配者，公司管理层出于自身利益的成本效益考虑，从而促使了管理层在公司经营过程中利用其实际控制权侵害广大股东的利益，损害公司价值。因此，公司股东

---

① Wilson, R. La Decision：Agregation et Dynamique des Orders de Preference ［M］. Editions du Centre National de la Recherche Scientifique, Paris, Centre National de la Recherche Scientifique：288 – 307, 1969.

② Michael Spence, Richard Zeckhauser. Insurance. Information, and Individual Action ［J］. The American Economic Review, 1971, 61（2）：380 – 387.

③ Ross S. A.. The Economic Theory of Agency：The Principal's Problem ［J］. American Economic Review, 1973, 63（2）：134 – 139.

与公司管理层之间的利益冲突成为股权分散情况下上市公司主要的委托—代理问题。

其后，詹森和麦克林（1976）在伯利和米恩斯（1932）的基础上对管理者与股东之间的代理问题进行了系统的研究。他们认为委托人和代理人的个人效用函数存在显著差异，作为委托人的股东希望通过实现公司利益的最大化，而作为代理人的管理者则追求的是自身价值的最大化，两者的利益需求可能存在差异，这将导致代理人有可能损害或侵占委托人利益，而产生代理成本（Agency Costs）① 问题。因此，如何规范和约束经理人（代理人）的行为，降低代理成本，解决委托—代理问题，成为公司治理的核心和研究的焦点。

作为早期的古典委托—代理问题，其研究焦点集中于公司管理层与外部股东之间的利益矛盾。但是，越来越多的学者研究发现，企业的所有权结构并不是如伯利和米恩斯（1932）所描述的那样高度分散（LLSV，1999；克莱森等，2000 等），在许多公司存在一个或几个可以对公司经营活动起到控制或者重要影响的控股股东，此时，所有者与经营者之间的代理问题被弱化，取而代之的是控制性大股东与中小股东的利益冲突。

由于股东的股权比例的高低决定了其在公司经营决策事务上投票权的多少，在股权相对集中的情况下，控股股东可以依靠其投票权控制公司董事会等权力机构，进而借助董事会聘任经营者，实现对公司实质性的控制，从而获取其控制权收益。而中小股东由于持股比例较低很难参与公司重大事务的决策，一方面，大多数中小股东因不具有相应的资本、技术和管理能力等，难以像控股股东那样有效监督公司的经营活动；另一方面，中小股东没有动

---

① 此处代理成本包括了委托人的监督成本、代理人的担保成本以及代理人的决策与委托人的福利最大化的决策之间的剩余损失等。

力去监管公司经营活动，他们可以以"搭便车"的形式享受由控股股东治理而带来的好处，因此，中小股东缺乏监控公司经营活动的能力与动机。从理论上讲，大小股东均具有对其持股公司监督和控制的权利，但是由于多数表决机制的存在以及实际控制能力的差异，大股东与中小股东在监督公司的权力方面并不对等，中小股东对公司的控制权和监督权实际上被控股股东所取代，即控股股东代表了公司全体股东行使了所有者的控制权，而中小股东很难行使其应有的权利。尽管这种关系并没有在契约中规定，但多数表决制的存在使得中小股东在公司经营管理中的权利并不平等，这就构成了大股东与中小股东的委托—代理关系。

在股权集中模式下，大小股东之间的目标函数不同导致两者之间的利益冲突。控股股东目标收益函数包括按其持有股份的多少获得相应的剩余收益，以及获得的控制权收益。而中小股东却只能按持有股权比例的多少获得相应的剩余收益以及从二级市场中获得资本利得。控股股东为获得控制权收益，有动机也有能力采取各种手段来实现自己的利益最大化，如通过关联交易转移上市公司资产或利润、直接占有上市公司资金、渐进的并购稀释中小股东的权益等，这将使中小股东的利益受损。在股权集中的情况下，大股东出于自身利益最大化的需要，凭借其对公司的控制权可以有效实施对公司管理层的监督，促进公司管理层减少在职消费等损害股东利益的现象，从而降低公司管理层的代理成本。因此，在股权集中的情况下，"管理层—股东"代理问题有所缓解，但又衍生出另一类代理问题，即大股东与中小股东利益冲突。

4.2.2　信息不对称理论

信息不对称理论（Asymmetric Information Theory）产生于 20 世纪 70 年

代，是阿克尔洛夫（1970）[①] 在论述"柠檬市场"（The Market for Lemons，即次品市场）时提出的。该理论认为在市场经济活动中，个体之间的信息呈不均匀、不对称的状态分布，即某些人对某些信息比另外一些人多一些，而掌握信息较多的往往处于优势的地位，反之，另一些人则相对处于劣势地位。市场中卖方比买方更了解有关商品的各种信息，掌握更多信息的一方可以通过向信息贫乏的一方传递可靠信息而在市场中获益。

而在委托—代理关系中，代理成本产生的根源即在于委托人与代理人的信息不对称。由于委托人与代理人之间存在着严重的"信息不对称"，可能会产生损害或侵蚀委托人利益的道德风险和逆向选择问题，并由此产生代理成本的问题。具体而言，在存在控股股东的条件下，信息不对称为控股股东实施利益侵占提供了现实的条件。控股股东作为公司的实际控制人，其掌握了比较多的公司的经营活动、企业价值等方面的情况，相对于中小股东具有信息优势。而中小股东由于缺乏足够的信息来源，属于信息劣势的一方，在公司经营管理中更倾向于"搭便车"。因此，控股股东可以利用其控制权作出有利于自身而不利于中小股东的决策，从而损害中小股东的利益。

4.2.3　控制权收益理论：利益协同效应和壕沟防御效应

对控制权收益的正式研究是从古若斯曼和哈特（1988）[②] 开始的，他们在研究公司投票权和现金流的最优分配时，将公司控制权收益分为控制权的公共收益和控制权的私有收益两方面：一方面，控股股东通过积极参与公司治理提高公司业绩，所有股东均可按照持股比例获取该收益，这种收益就是

①　Akerlof G. A.. The Market for "Lemons": Quality Uncertainty and the Market Mechanism ［J］. Quarterly Journal of Economics，1970，84（3）：488 – 500.

②　Grossman S. J.，Hart O. D.. One share-one vote and the market for corporate control ［J］. Journal of Financial Economics，1988，20（1 – 2）：175 – 202.

控制权的公共收益，属于与中小股东共同分享的收益；而另一方面则是控股股东通过公司控制权而获取的私人收益，这部分收益属于控股股东独自享有的，而这部分收益则主要来自于控股股东利用对公司的控制权侵蚀中小股东利益所得，这种收益就是控制权的私有收益。由于控股股东实际掌握了上市公司决策权、监督权和收益的分配权，控股股东正是利用其这种控制权来获取控制权收益，因此，这种控制权收益是以牺牲中小股东利益为代价而实现的。

控股股东往往通过分离所有权和控制权，用极小的所有权达到对上市公司绝对（或相对）的控制，拥有公司实际决策权并通过对决策权的行使来最大化自身利益。但上市公司控股股东并非无限制通过利益输送来获取控制权私有收益，一般而言，控股股东会衡量控制权公共收益和私有收益来决定其利益输送行为。如果控股股东获得的私有收益越多，上市公司的价值越低，从而其获得的公共收益就越低，此时未必控制权收益与公共收益最大。因此，控股股东的利益侵占是控制权私有收益和公共收益总和最大化的均衡结果（克隆维斯特和尼尔森，2003[①]）。利益协同效应（Alignment Effect）和壕沟防御效应（Entrenchment Effect）较好地解释了控股股东公共收益与私有收益的来源。

（1）利益协同效应（Alignment Effect）。当控股股东持股比例达到较高的水平时，其控制权与现金流权分离程度较低，控股股东的利益与公司其他中小股东的利益将日益趋于一致，并且控股股东持股比例的越高与中小股东的利益越有趋同性。此时，控股股东的公共收益要大于其获得的私有收益，并且控股股东与中小股东一样主要获得公共收益，这会促使控股股东有动机去追求公司价值最大化。为了实现公司的价值最大化，控股股东会减少采用"壕沟防御效应"来侵占中小股东利益的行为，也会激励控股股东强化对公司

[①]　Cronqvist H. , Nilsson M. Agency Costs of Controlling Minority Shareholders ［J］. Journal of Financial and Quantitative Analysis, 2003, 38 (4): 695 –719.

经理人的监督，从而降低经理人代理成本。

（2）壕沟防御效应（Entrenchment Effect）。利益协同效应只能解释控股股东与中小股东利益一致的一面，事实上大多数情况是由于控股股东与中小股东在公司权力不平等，控股股东可以通过各种方式来侵占中小股东的利益从而实现控股股东自身利益最大化，这部分收益是独享的控制权收益。当控股股东在较低的持股水平上，同时又能控制上市公司时，其控制权与现金流权分离程度较高，控股股东更倾向于通过显性或隐性的方法侵占中小股东的利益，从而产生与"利益协同效应"相反的"壕沟防御效应"（默克等，1988）。"壕沟防御效应"将降低公司绩效，也会降低控股股东的公共收益，因此只有控股股东通过"壕沟防御效应"获得的控制权收益大于公共收益的损失时，控股股东才会实施"壕沟防御效应"，以实现公共收益与控制权收益之和最大化。控股股东获取控制权收益的途径主要有通过关联交易转移公司利润、以低于市场利率向公司借款、不顾公司现金紧张支付股利、渐进式发行股票和并购稀释中小股东的股权等（霍尔德内茨和希恩，1988）。

总之，委托—代理关系是控股股东利益输送的基础，控股股东与中小股东的信息不对称为控股股东利益输送提供了条件，而控制权收益则是控股股东利益输送的动力来源。

4.3　定向增发的基本理论

4.3.1　信号传递理论

信号传递理论（Signaling Theory）是在有效市场假说及信息不对称理论基

础上形成的。它揭示了信息不对称环境下，企业是通过怎样的方式向市场传递有关企业价值与投资项目相关信息的，以及怎样通过这些信息对投资者的决策行为产生影响的。例如，上市公司计划向投资者发放高额现金股利，这一行为可能会向外界传达这样的消息，即公司目前没有可投资的好项目，公司的业绩可能会有所下滑。公司向外界传递公司内部信息的常见信号有三种：利润宣告、股利宣告和融资宣告。罗斯（1977）[1] 首次将信息不对称理论运用到企业的融资理论当中，他认为与外部投资者相比，公司内部人具有更多的信息优势，不仅如此，公司的内部人还可以通过采取一定的公司行为来向市场传达出某种信号，而在市场中的外部的投资者只能被动地接受和分析这些信号。当公司实施股权再融资时，参加再融资计划的若干投资方之间也会或多或少的存在着信息不对称的问题。

梅耶斯和马伊路夫（1984）[2] 通过建立信息不对称模型，对公司为新项目融资时的财务决策做了分析和研究。由于信息不对称，假定：（1）公司管理层对所要投资的项目具有信息优势；（2）公司管理层为公司现有股东的利益着想；（3）公司现有股东不会因经理的决策而调整投资组合。在此情况下，公司管理层为展示业绩会向市场宣布有潜力的投资项目，以此抬高股价，但由于信息不对称，经理即使发现了净现值为正的投资机会，也无法将此消息传递给投资者，因此会造成新发行股票均衡价格较低，即在资本市场上的表现就是公司的股票价格被高估。由于潜在的外部投资者会意识到这种现象的存在，所以当上市公司进行公开增发再融资的时候，这一行为会被市场理解成上市公司认为目前股价高估或者公司经营已经过了最好的时期的信号，进

---

① Ross S. A.. The Determination of Financial Structure：The Incentive – Signalling Approach ［J］. Bell Journal of Economics, 1977, 8 (1)：23 –40.

② Myers S. C., Majluf N. S.. Corporate financing and investment decisions when firms have information that investors do not have ［J］. Journal of Financial Economics, 1984, 13 (2)：187 –221.

而造成公开发行新股之后股票价格的一蹶不振。当公司的不对称信息程度高的时候，公司会选择私募发行方式进行再融资，这是因为私募发行的对象为机构投资者，为了解决股票发行中的信息不对称现象，发行公司可以邀请机构投资者对公司的投资项目及经营情况进行调查，使机构投资者了解公司投资项目的盈利情况及经营情况。而机构投资者有能力发现或花一定代价获知真实的公司价值，而且可以从不错的发行折扣中得到补偿（赫特热尔和史密斯，1993）。因此，一些有好的投资机会但资金短缺的被低估的公司会选择向内部投资者私募发行来解决投资不足问题（赫特热尔和史密斯，1993）。

4.3.2　监管理论

监管理论（Monitoring Hypothesis）是在代理成本理论的基础上产生的，最早由鲁克（1989）提出，上市公司的所有权和管理权的分离形成了上市公司股东与管理层之间的委托代理关系。这种委托代理关系会产生代理成本，而监督成本则是代理成本的重要部分。上市公司通过采用定向增发进行募资，让那些有意向、有能力去监督上市公司的积极投资者成为公司股东，从而降低公司管理层代理成本，最终帮助提升公司的价值。此外，由于法规限制，机构投资者有一定的限售期，这也促使机构投资者更重视公司长期发展，能够更好地从更长时间范围中加强其对公司管理层的监督。如果是针对上市公司大股东和关联方的定向增发使得上市公司的大股东持股比例进一步增加，股权的集中度也相应提高。股权集中度进一步集中后，控股股东处于自身利益最大化的要求减少"壕沟防御效应"，以实现上市公司大股东和中小股东的公共利益最大化。此外，如果定向增发是向关联股东以外的股东发行，定向增发后可以引入一个新的机构投资者，由于新的机构投资者认购的定向增发股票要锁定较长时间，新的机构投资者出于自身利益的考虑，会激励新的机构投资者对上市公司经理人实施有效的监督，从而降低公司代理成本，提高公司的价值。综上所述，监管理论认为定向增发引入了一个有动机和监控能力去监控发行公司管理层的积极投资者，从而可以降低经理人的代理成本（鲁克，1989）。与此同时，监管理论还认为定向增发中的巨大折扣率是对专业的机构投资者带来更多的专业意见和监管活动的补偿。

4.3.3　管理防御理论

丹和迪安格罗（1988）①、鲁克（1989）等学者提出的管理防御理论（Managerial Entrenchment Hypothesis）认为，公司管理层具有自利性，在受到公司内部和外部双重监督的情况下，其行为会倾向于保护自身利益，一方面是维护自身职位不动摇，另一方面是使自身效用达到最大化。具有防御动机的管理层在做出公司经营决策时，会优先选择对自身有利的决策。公司管理层在进行定向增发时处于管理防御考虑，为了不影响大股东对公司的控制权以及管理层的固有利益，会从两个方面来达到管理防御的目的：第一是从增发身份出发，选择那些不会进行主动管理的投资者去做定向增发，从而让公司管理层免受其监督和约束；第二是降低投资者的持股数量，提高其持有成本：即对机构投资者参与定向增发时采用较高的发行价格，使一些机构投资者放弃参与定向增发，以减少机构投资者获取的股份，从而使得机构投资者的监督和约束的动力下降、成本上升。而当管理层或大股东认为公司价值被市场低估时，他们也会积极地参与到定向增发。而在定向增发中给予一定的折价则是对相关利益方购买上市公司股份之后"顺从"管理层的一种补偿，

---

① Dann L. Y. , DeAngelo H. . Corporate financial policy and corporate control: A study of defensive adjustments in asset and ownership structure [J]. Journal of Financial Economics, 1988, 20 (1 - 2): 87 - 127.

也可以说折价是管理层向这类投资者的一种利益输送行为（巴克利等，2007①）。因此，巴克利等（2007）认为定向增发是对市场释放出一个利空信号，进行定向增发公司的长期股票超额累积收益率将低于可比公司。

4.3.4　市场择时理论

市场择时理论（Market Timing Hypothesis）又称作机会窗口理论（洛夫兰和瑞特，1995②），它是证券市场中信息不对称理论的拓展和延伸，该理论的假设基础是资本市场非理性而公司管理层理性的前提下的投资者高估理论，即证券市场中投资者对项目进行投资时会受到不理智因素的影响，对项目盲目乐观，产生了过度投资现象。而理性的公司管理层会利用投资者的过度热情在该有利的机会窗口多发行股票，从而筹集更多的资金。反之，当公司股价被低估时，公司管理层可能会回购股票。该市场择时理论同样可以拓展应用到定向增发融资，定向增发通常被视为上市公司被高估的"坏消息"，通常会产生负的超额收益率。

洛夫兰和瑞特（1995）首次提出了市场择时理论，他们在研究上市公司定向增发后股价表现时，发现增发后在一定期间内上市公司的累计超额收益率为负，为了解释这种现象，他们基于信息不对称假说，提出投资者缺乏有效信息，对企业未来收益表现过度乐观，导致企业股价高估，他们将投资者对上市公司股价高估并购买的这段时间称为"机会窗口"。在其后续的研究中进一步发现，在上市公司定向增发时股价有正向的公告效应，而随着增发后

---

① Barclay M. J. , Holderness C. G. , Sheehan D. P.. Private placements and managerial entrenchment [J]. Journal of Corporate Finance, 2007, 13 (4): 461 – 484.

② Loughran T. , Ritter J. R.. The New Issues Puzzle [J]. Journal of Finance, 1995, 50 (1): 23 – 51.

认购激情的逐渐减退，人们的理性思维回归，上市公司的股价开始下跌，股价恢复到正常水平，累计超额收益率逐渐由正转负，针对这种定向增发后上市公司股价表现疲乏的现象，他们提出了"机会窗口假说"。赫特热尔等（2002）[①] 在研究美国952家上市公司定向增发后三年股价表现时，发现定向增发公告日仍然存在正的公告效应，会形成上市公司财富的增加，但是在长达三年的长期股价表现中却会导致企业财富的减少，呈现累计超额收益率为负的现象，该研究结论验证了市场择时理论的假设。

4.4 资产注入的基本理论

4.4.1 产业链整合理论

产业链整合（Integration of Industry Chain）是指企业通过扩展资源空间，实现资源一体化（包括合并和纵向约束）的过程（芮明杰等，2006）。社会化大生产的发展带动了社会分工的细化，一家企业不可能完全提供某种产品或服务，企业不再是相互独立的个体，由于产品或服务在生产创造过程中的内部联系，企业间形成了相互依存的关系。一个企业所能向顾客提供的价值，除了受制于自身能力外，往往还会受到上下游企业的制约，产业链也就因此而形成了。产业链是基于分工经济而形成的一种产业组织形式，强调相关产业或企业间的分工合作关系（魏后凯，2007）。产业链描述了厂商内部和厂商

---

① Hertzel M., Lemmon M., Linck J. S., Rees L. Long‐Run Performance Following Private Placements of Equity [J]. Journal of Finance, 2002, 57 (6): 2595–2617.

之间为生产最终交易的产品或服务所经历的增加价值的活动过程，涵盖了商品或服务在创造过程中所经历的从原材料到最终消费品的所有阶段（芮明杰等，2008）。现代企业的竞争已经演绎为企业所加入的产业链之间的竞争（芮明杰等，2008；赵红岩，2008；李丹凤，2011），同一产业链上的企业，很可能一荣俱荣，一损俱损，彼此休戚相关，因而在产业链层面上建立起更高更广的战略视野，找出企业所处产业链的优势与不足，并大力培育其产业链竞争力，对于提高企业核心竞争力，谋求在更新更广泛的资源和能力基础上构建竞争优势具有举足轻重的作用。

产业链整合的目标大致可以归纳为以下两个方面：一是作为基本构成单元的各节点企业通过产业链的整合以实现节约交易费用、追求最大化利润（赵红岩，2008），并加强其在产业链不同市场中的市场实力；二是作为整体的产业链通过整合，使链上企业产生整体运作效果，实现战略联盟、优势互补、资源共享的深度合作，达到产业创新和价值创造（卜庆军等，2006；吴金明和邵昶，2006；邵昶和李健，2007）。后者的实现要以前者的实现为前提。产业链整合的最终目的是获得最优的报酬递增效应、节约交易费用。

从产业角度考虑的"整合"是指广义的"一体化"，即只要是产业链上的企业能够直接或间接控制链上其他企业的经营、决策，使之产生期望的协作行为，就可以视为产生了某种程度的"整合"。产业链整合的常见方式有三种：横向整合、纵向整合、混合整合。产业链的横向整合指的是与处于相同行业、生产同类产品或工艺相近的企业实现联合，实质是资本在同一产业和部门内的集中，目的是实现扩大规模、降低产品成本、巩固市场地位。产业链的纵向整合指的是生产或经营过程相互衔接、紧密联系的企业之间实现一体化。产业链的纵向整合按物质流动的方向又可以划分为前向一体化和后向一体化。前向一体化是指企业与用户企业之间的纵向联合；后向一体化是指企业与供应企业之间的纵向联合。纵向一体化可以实现范围经济，降低经营成本，稳定供求经济，规避价格波动，提高差异能力，树立经营特色。如果产业链整合不仅包含横向整合还包含纵向整合，即为混合整合模式。将产业链条中产品结构相关联、结构相类似的企业整合在一起，形成一个大型企业集团，利用其规模经济优势增强综合竞争实力的整合方式就属于混合整合。

总之，产业链整合是实现产业结构调整、优化和升级的必经之路，也是市场经济竞争的必然趋势。产业链整合有利于市场资源的优化配置和产业结构优化升级；有利于降低企业交易成本，从而降低产品成本，提升竞争力；有利于产业集群的构建，形成大型企业集团，发挥其规模经济效应。

产业链整合理论很好地解释了上市公司大股东将资产注入上市公司的行为。我国上市公司在股权分置时代大多采取了剥离非核心资产改制上市模式（吴敬琏，2004），这直接导致了上市公司产业链被人为分离，上市公司的主业不独立，规模难以进一步扩大，竞争力不够明显和突出，还可能出现与母公司处于同业竞争的不良状况（黄清，2004；刘建勇等，2010）。而股权分置改革完成后，上市公司大股东纷纷将其非上市的资产注入上市公司的主要初衷是为了整合资源、优化产业链，增强上市公司生产经营的独立性，提高企业的整体竞争力，实现上市公司的做大做强。

4.4.2　协同效应理论

安索夫（1965）① 首次将协同理念引入企业管理中，他认为通过协同可以把公司各类不同的业务和资源进行重新有效配置，实现叠加式的协同效应，从而使企业能更完全地整合现有资源来拓展新业务。协同效应理论（Synergy

---

① Ansoff, H. I. Corporate Strategy: An Analytic Approach to Business Policy for Growth and Expansion [M]. New York, McGaw – Hill, 1965.

Effects Theory）是企业并购最重要的理论基础之一，通过并购可以大大提高个体效率，并有利于整体产生协同效应，进而达到整体效率大于个体效率叠加的效应。即该理论认为企业并购后企业总价值大于参与并购各方企业价值的总和。协同效应理论主要包括管理协同、财务协同、经营协同三大效应理论。

（1）经营协同效应（Operating synergies），主要是指企业通过协同改善经营、提高资产运营效率，包括规模经济、降低成本、优势互补、扩大市场份额、完善服务等，从而提高公司效益。第一，规模经济。规模经济多产生于横向并购活动当中，两个产销相似或相同的企业进行并购后，很可能在经营过程中的任何一个方面或任何一个环节产生规模经济，使得生产规模扩大，单位产品所负担的固定费用下降从而促使收益的提高。第二，降低交易成本。纵向一体化的实现可以减少商品流转的中间环节，从而实现降低交易成本的效应。第三，优势互补。并购活动可以将企业的竞争优势在并购方和目标方之间共享，实现其优势的互补，最终提高竞争力。例如，营销能力强但研发能力弱的企业与营销能力弱但研发能力强的企业进行并购，最终可以将企业的营销能力与研发能力进行共享，实现优势互补，从而产生协同效应。

（2）管理协同效应（Management Synergies），主要是指完成并购活动以后企业管理活动在效率和水平方面有所提升而产生的效应。并购后管理协同效应的实现主要表现为以下两个方面：第一，节省管理费用。在并购之后，并购前的两家或多家企业处于同一个管理系统中，企业固定管理费用在更多单位产品或者服务下进行分摊，单位产品或服务所分摊到的固定管理费用也将随之降低，从而达到降低管理费用的效果。第二，提高企业营运效率。由于优势企业在管理效率上优于劣势企业，在并购活动完成后，优势企业管理资源输送到了管理劣势的企业，优势企业管理资源得到充分发挥，帮助提高劣势企业的管理效益，从而使并购完成后的新企业的企业管理效率优于并购前双方企业管理效率的相加。

（3）财务协同效应（Financial synergies），主要指企业在完成并购活动后，在财务方面获得的种种收益，此种收益的取得是因为资本效率、会计处理惯例或税法的作用而产生的一种纯金钱上的效益，而不是由于财务效率的提高。该效应主要表现在以下几方面：第一，资本成本下降。因为普通股融资的成本要高于债务融资的成本，并购后资产规模的扩大增强了企业的举债能力，从而达到降低资本成本的效果。第二，合理避税。这是主要的一种财务协同效应，即基于一个有累积税收损失和税收减免的企业可以与有盈利的企业合并，充分利用亏损递延纳税条款，允许亏损企业免交当年所得税，且其亏损可向后递延以抵销以后年度盈余，从而达到降低税负的目的。

从本质上说，资产注入就是上市公司大股东实施的一次对非上市资源的并购。而上市公司实施定向增发资产注入后可能产生的协同效应主要有：一是规模经济效应，即大股东通过定向增发向上市公司注入资产使得上市公司规模不断扩大带来的效应；二是纵向一体化效应，即由于大股东向上市公司注入资产而使得上市公司与母公司之间的关联交易减少交易成本而带来的效应；三是资源互补效应，即大股东注入的资产与上市公司经营业务具有互补性，从而产生经营协同效益。

4.4.3　交易费用理论

交易费用理论（Transaction Cost Theory）是现代企业理论的基础，交易费用的概念由科斯（1937）① 首次提出，阿罗（1969）② 第一次使用"交易费

① Coase R. H. . The Nature of the Firm ［J］. Economica, 1937, 4（16）: 386 - 405.

② Arrow K. J. . The Organization of Economic Activity Issues Pertinent to the choice of Market versus Non - Market Allocation ［R］. In the Analysis and Evaluation of Public Expenditure: The PPB System, 59 - 73, Washington, DC. , 1969.

用"一词，威廉姆森（1975）① 系统研究并发展完善了交易费用理论。交易
费用理论认为企业和市场是两种存在于经济社会中各具特色并且可以相互替
代的价格交易机制。当市场交易在经济社会中发挥作用时，价格因素的变动
决定生产的变化；而当企业作为价格交易机制的替代物发挥作用时，价格机
制将失去其存在的经济意义，交易会选择"内部化"，此时能够决定生产的将
会是企业的管理者。一项交易是应该由市场交易中的价格机制决定还是应该
由企业内部人决定，并不是简单、随意的选择，必须考虑关键因素，即交易
成本。交易成本又可以具体分为实现合同的事前成本以及合同签约之后所发
生的事后成本。市场交易和企业"内部化"交易相比，后者的优势在于通过
一系列生产要素的有效组合之后，可以减少市场交易的次数，相应地减少了
市场交易的摩擦和不确定性，从而实现比市场交易更高的资源配置效率条件。
当企业内部交易发生的所有成本之和小于市场交易的成本时，企业便成了市
场的替代。随着企业规模不断扩大，内部组合的要素越来越多，促成了企业
集团这种新型公司关系的出现。与市场交易相比，集团企业的关联交易主要
发生在处于同一企业集团控制下的内部企业与其关联方之间，有效地避免了
在市场中寻找交易对象、谈判和签约而产生的成本。另一方面，这种交易的
成功率和时间效率往往高于市场交易。因此，具有降低市场交易成本功能的
关联交易的身影常常出现在大型集团企业中。

　　在资产注入中，上市公司的大股东将其持有的未上市的资产注入到上市
公司中，注入的资产可能是相关的，也可能是非相关的；可能是横向的并购
活动，也可能是纵向的并购活动，甚至混合的并购活动。根据交易成本理论，
一方面，企业作为一种交易形式，可以把若干个生产要素的所有者和产品的

---

　　① O. Williamson. Markets and Hierarchies: Analysis and Antitrust Implications [M]. New York: Free Press, 1975.

所有者组成一个单位参加市场交易，从而减少了交易者的数目和交易中摩擦，因而降低了交易成本；另一方面，在企业之内，市场交易被取消，伴随着市场交易的复杂结构被企业家所替代，企业家指挥生产，因此，企业替代了市场。企业组织方式的改变可以减少关联交易，降低交易成本，提高企业的运营效率。而且资产的相关性也是决定定向增发成败的重要因素，资产相关性越高，降低市场交易成本的程度越高，越有利于改善企业绩效。这也是定向增发资产注入在内部受到大股东和上市公司青睐，在外部受到投资者追捧的重要原因。

4.5 制度环境的基本理论

4.5.1 制度经济学理论

制度经济学（Institutional Economics）是经济学研究的一个分支，它把制度作为研究对象，探讨了制度对于经济行为和经济发展的影响，以及经济发展如何影响制度的演变。制度（Institution）是人为制定的用来制约相互间行为的规范，是"一系列被制定出来的规则、秩序、行为道德及伦理规范"（诺思，1990①），是涉及社会、政治、经济等多个方面的行为规则的集合（舒尔茨，1968②）。其存在的作用是为交易双方创造可以选择的行为空间，减少交

① North, D. C.. Institutions, institutional change and economic performance [M]. Cambridge：Cambridge University Press, 1990.

② Schultz T. W. Institutions and the Rising Economic Value of Man [J]. American Journal of Agricultural Economics, 1968, 50 (5)：1113 – 1122.

易中的不确定性和交易费用，保护产权并且使效用最大化。制度既包括正式
制度，也包括非正式制度。正式制度一般为有意识设计或规定的宪法、经济
规则和合同，实施的主体只能是国家、法官、法庭、警察、官僚机构等权力
组织。非正式制度主要包括社会规范、道德准则、行为惯例等，其实施通常
依靠社会团体、商业机构或者为促进某种行为而建立的社会组织。它是在人
们长期交往中所形成的，具有自发的特性。当它们长期存在，得到社会认可
后，也能够发挥一定的规范作用。正式制度和非正式制度之间可以相互补充、
转化，两者共同构成制度实施的完整框架。

　　而制度环境（Institutional Environment）是由各种详尽的规则和条件所形
成的，是一系列用来建立生产、交换与分配基础的基本的政治、社会和法律
基础规则（伦德瓦尔，2007①）。例如，法律和产权规则、规范和社会传统
等。其形成于人们在长期交往中无意识接受的行为规范，具有相对的稳定
性，个体或组织必须遵守这些规则条款才能获得合法性和支持（斯科特，
1995②）。具体来说，制度环境也就是一个国家或地区的制度发展状况。从广
义上来讲，制度环境既包括正式的制度，如法律、金融等较为体系化的制度
建设，也包括国家政治体制、政府政策等政府层面的内容，还包括了非正式
的制度背景。而狭义的制度环境包括市场竞争、信用体系、契约文化、产权
保护、政府治理、法治水平等方面，这些方面会影响到签约及履约的交易成
本，进而影响到公司治理的效率，因而一直成为制度经济学关注的重点。更
为重要的是，公司所处的制度环境是相对于所有权安排、董事会制度、信息
披露制度、经理人市场机制、控制权转移机制、独立审计制度等而建立的更
为基础性和外生性的制度，这些制度环境一定程度上影响着公司治理机制的

---

　　①　Bengt – Åke Lundvall. National Innovation Systems – Analytical Concept and Development Tool ［J］.
Industry & Innovation，2007，14（1）：95 – 119.

　　②　Scott W. R . Institutions and organizations ［M］. Thousand Oaks，CA：Sage Publication，1995.

效率。

　　不同区域间制度环境在资源禀赋、政府能力、初始软环境水平及文化习俗等多个方面会存在差异，这种差异表现为在两个区域内存在不同的规则或行为准则，具体包括当地的法律法规、机制设计、人文环境等多个方面（蔡洁，2007），特别是随着区域经济的发展，制度环境差异几乎难以避免，各地区的发展由于历史原因、禀赋差异以及基于习俗的自我选择等问题，制度环境会随着时间的推移呈现差异化特征。而区域间的制度环境差异会从多个维度影响企业的发展与成长，一般而言，良好的制度环境能够为国家或地区的经济发展提供强大的制度支撑，不完善或恶劣的制度环境则不利于经济的发展。良好的制度环境能够提供更流畅的信息传播途径、更严格的社会舆论监督、更完善的法律体系以及良好的信用制度环境等，使更多的企业将发展的核心置于内在竞争力的提升上。而当企业身处一个制度环境起点水平更低的区域时，恶劣的制度环境无法引导当地企业从事生产增值或价值创造活动，企业的决策成本提高，经营自主性下降，区域经济的发展难言活力。最重要的是，制度保障能力的低下会导致本地与其他区域企业之间的经济活动和行为变得更加不安全和不确定（魏，2000①）。就制度的本意而言，正式制度的终极目的在于减少生产、交换过程中的交易成本。而受现实中的种种外因影响，这些制度在供给过程中所存在的效率流失或方向偏移使企业为保证自己的顺利发展，需要根据形势作出决策上的改变。在正式制度没有主导约束能力的环境中，他们会寻求甚至人为地建立非正式制度作为无效正式制度的替代机制。在制度环境较差的国家或地区，正式制度相对薄弱，人们在经济活动中必定要寻求某种替代物，即非正式制度，以弥补不完善的市场经济关系

---

　　① Wei S. J. . How Taxing is Corruption on International Investors? ［J］. Review of Economics & Statistics, 1997, 82（1）: 1 – 11.

和行政权力关系所带来的困难和风险，维持或者建立经济活动乃至社会交往所必需的基本信任和预期（李路路，1997；威廉姆森，2000；彭，2003①）。总的来说，制度环境能够影响企业的行为，企业也会为了合法性地追求效率而根据外部制度环境进行适时、适地来调整自己的行为。

4.5.2 "法与金融"理论

"法与金融"（Law and Finance）理论探讨了以投资者法律保护为主的制度环境对资本市场、公司治理的影响，以 LLSV 为代表的学者发表的系列研究开创了"法与金融"的全新研究领域，同时也拉开了基于制度环境差异比较的经济与金融研究。制度经济学理论更多的是从较为宏观的视角探讨制度对于经济行为和经济发展的影响，而"法与金融"理论则从微观视角探讨了制度环境（法律环境）对于公司治理、公司价值等的影响，LLSV 逐步证明了投资者法律保护这一根本性制度特征对于资本市场发展、所有权结构、治理结构、公司价值和股利政策具有显著影响。他们的研究为资本市场的多样性提供了一个制度环境（法律环境，主要是投资者保护相关法律）的解释。具体来看，"法与金融"理论在以下方面探讨了投资者保护与公司治理的相关问题。

（1）投资者保护与公司融资能力。投资者保护程度决定了一国金融市场的发展水平，在法律体系运作良好的国家中，企业内部人愿意和放心从外部筹措资金，同时公司收益不容易为内部人侵占，而会更多的以利息和股利形式回报外部投资者，外部投资者因此更愿意为金融资产支付更高的

---

① Peng M. W.. Institutional Transitions and Strategic Choices [J]. Academy of Management Review, 2003, 28 (2): 275 – 296.

价格，从而使公司更容易以更低成本获得外部融资。当股东的权益保护程度高时，人们就愿意通过股权来相互融通资金，就会促进该国股票市场的发育与成长。同理，当债权人权益受到保护时，也会促进债券市场的发展（LLSV，1997）。

（2）投资者保护与公司股权结构。当一个国家的法律对投资者保护较弱时，投资者因担心自己的权益被侵占而不愿将资金交给职业经理人控制，资本所有者倾向于自己对企业进行控股，即通过对公司实施控股来控制企业，因此，投资者保护程度与公司股权集中程度负相关（LLSV，1998）。LLS（1999）在进一步考察了制度环境对于公司特征的影响后发现，在投资者法律保护不够的国家，家族企业倾向于通过组建相互关联的企业集团来控制这些家族企业，并通过金字塔持股结构的形式来控股家族组成的企业集团，这样不仅可以保护家族企业的整体利益，而且可以凭借其控制权来掠夺其他股东的利益。因此，在投资者弱保护环境下，上市公司股权集中控股是控股股东对其他股东利益侵占的股权结构安排方式。这一研究把公司治理研究重点由传统的经理人与外部股东利益冲突，推向了控股股东与其他股东的利益冲突的研究阶段。

（3）投资者保护与公司价值。在 LLSV（1999）股权集中的研究基础上，LLSV（2002）研究探讨了投资者保护和控股股东的所有权对公司价值的影响。他们研究发现，投资者保护程度高的国家，企业的托宾 Q 要大于投资者保护程度低的国家，既企业价值更大。JLLS（2000）分析了控股股东的隧道行为后发现，企业通过建立金字塔股权结构，控股股东以较小的现金流权实现了对目标公司的控制权。金字塔股权结构有利于控股股东利用关联交易、关联并购、关联担保等形式转移公司资源，侵害其他股东利益，实现控股股东的利益最大化。这一理论可以更好地解释尽管控股股东的隧道行为存在于所有国家的公司中，但投资者保护较弱的国家隧道行为要更为严重的现象

（JLLS，2000）。

（4）投资者保护与资本市场发展。有效的投资者法律保护的最终结果是促进了资本市场发展（LLSV，1997，1998）。当投资者权利得到更好的法律保护时，投资者就愿意购买更多的金融资产，证券售价就更高，企业因此获得更多的外部融资。因此，对投资保护越充分的国家拥有市场价值更高的证券市场、人均更多的上市公司数量、人均更高的 IPOs 以及更大的信贷市场。另一方面，投资者保护影响了资本市场的效率。实证研究表明，对投资者保护越强，股票市场价格变动的同步性就越低，从而股价变动反映上市公司信息的有效性和可靠性就越高，则股票市场的效率越高。

（5）投资者保护与股利分配。LLSV（2000）研究了投资者保护程度对上市公司现金股利发放的影响，他们提出了两种理论模型：结果模型和替代模型。结果模型把现金股利看作投资者保护的结果，那么在投资者保护较好的国家，现金股利发放与上市公司投资机会呈负相关关系，即投资机会较多的上市公司更少发放现金股利。而替代模型则把现金股利看作是投资者保护的替代，上市公司会通过发放现金股利来吸引投资者，进而可以树立公司声誉，在投资者保护较差的国家，通过发放现金股利树立公司声誉的动机更强，因而现金股利支付水平越高。并且，在此情况下，现金股利发放并不会因为企业投资机会的增多而减少。

LLSV 的系列研究形成的"法与金融"理论的贡献在于，他们给出了比较国与国之间制度环境的有效工具，并且在多个方面研究了制度环境的效应和制度环境的重要性。

第5章

地方政府干预地方国有控股上市公司定向增发资产注入动机的实证研究

5.1 引　言

在股权分置时代，一些地方政府为了促进当地经济的发展，积极鼓励当地企业到证券市场发行股票进行直接融资，并通过行政手段把国有企业中的部分优质资产"分拆"出来进行上市。而股权分置改革后，却出现了地方政府通过行政手段将一些非上市资产注入上市公司的热潮。据统计，2006～2016年，我国证券市场共发生了846次地方国有控股上市公司资产注入行为，注入资产金额高达13330.43亿元，这其中，上市公司通过向控股股东定向增发新股收购其资产，成了定向增发资产注入的一种常用方式。而这一资产注入行为是在控股股东的控制下进行的一次规模较大的上市公司与控股股东之间的关联交易。关联交易可能成为向控股股东进行利益输送的手段，特别是在法律环境和公司治理机制不完善的情况下，控股股东通过关联交易进行利益输送表现得更为严重（LLSV，2000；JLLS，2000；陈信元等，2003；李增泉等，2004）。

　　1994 年我国实行的分税制财政体制改革之后，无论是 GDP 的增长、财政收入的增加、国有资产的保全，还是促进就业、维护社会稳定等，都是我国各级地方政府及官员高度关注并投入大量人力、物力、财力去保障的重要目标，这些目标的实现既关乎政府的政绩，也关乎官员个人的政治前途。因此，各级地方政府为了实现其经济、政治目标有动机干预地方国有控股上市公司的经营活动。地方政府既是地方国有控股上市公司的实际控制人，又是地区的公共管理者和经济调控者，地方政府这一"双重身份"，使得地方政府与地方国有控股企业形成了一种天然的"血缘关系"，其经济活动受政府及官员的目标、意志等的影响更为显著（博伊科等，1996；施莱弗和魏施尼，1998；林等，1998；法乔等，2006；顾建平和朱克朋，2006；程承坪，2013；章卫东和赵琪，2014），这为地方政府采用行政手段干预地方国有控股上市公司的相关经济活动提供了天然的条件。那么，近年来我国地方国有控股上市公司频发的定向增发资产注入，其背后是否也有地方政府的干预在"如影随形"？如果有，地方政府干预地方国有控股上市公司的定向增发资产注入活动的动机是什么呢？与中央国有控股上市公司和民营上市公司相比，地方国有控股上市公司的定向增发资产注入的规模是否更大呢？地方政府对地方国有控股上市公司的控股程度是否会显著影响到地方国有控股上市公司的定向增发资产注入的规模呢？本章将运用政府干预理论，并结合我国的制度背景及证券市场特征来研究上述问题。通过本章的研究，可揭示我国地方国有控股上市公司定向增发资产注入是否会受到地方政府干预的影响，从而拓展关于政府干预理论的研究，丰富有关定向增发资产注入的理论解释。同时，通过对地方政府干预地方国有控股上市公司定向增发资产注入动机的探讨，也可为证券监管部门进一步完善我国上市公司定向增发资产注入制度和有关部门深化国有企业改革提供一定的理论依据。

5.2 制度背景、理论分析及研究假设

5.2.1 制度背景

政府干预经济活动是一个全球普遍现象（法乔等，2006）。在市场机制条件下，"看不见的手"能够引导资源优化配置（亚当·斯密，1776），但市场机制本身却存在着缺陷，行业的自然垄断（米尔，1848；亚当斯，1887）、市场的信息不对称（阿克尔洛夫，1970；罗斯柴尔德和施蒂格利茨，1976①）以及外部负效应（曼昆，1997②）等都会导致"市场失灵"。因此，需要政府"看得见的手"来干预、纠正"市场失灵"（凯恩斯，1936）。事实上，市场失灵已成为经济发展过程中的普遍现象，政府干预必不可少，但另一方面，过度的政府干预又可能导致"政府失灵"（施蒂格利茨，1989）。市场与政府的"无形之手"与"有形之手"共同作用是市场机制有效运行的基础，也即市场作为"无形之手"，在资源配置中发挥基础性作用，而政府作为"有形之手"，通过必要的干预来弥补"无形之手"的缺陷。从世界范围看，政府干预的动机主要可归纳为：（1）在市场失灵时，政府干预作为一种必要的替代机制发挥作用，以有效缓解市场失灵所引发的各种问题（凯恩斯，1936）；（2）缓

① Michael Rothschild, Joseph Stiglitz. Equilibrium in Competitive Insurance Markets: An Essay on the Economics of Imperfect Information [J]. The Quarterly Journal of Economics, 1976, 90 (4): 629-649.

② Mankiw, N. G. Principles of Economics (1st edition) [M]. Fort Worth, Texas, Dryden Press, 1997.

解信息不对称，尽量避免信息优势的一方为了自身利益的最大化而误导另一方，从而以牺牲另一方的利益来换取自身利益的实现，保护信息获取不占优的一方，并优化整个市场的资源配置（维克里，1961[①]）；（3）对市场中的负外部性问题加以抑制，并激励那些积极产生正外部性的市场主体，从而增加市场各方的福利（曼昆，1997）；（4）当市场运行处于脆弱甚至无效率的状态时，通过政府干预，扭转市场的无序局面，对各种利益冲突和矛盾进行一定的调节和控制（博登海默，1962；波斯纳，1974[②]）；（5）有效降低市场运行的种种风险，从而创造性地整合和维护公共利益，实现全社会的公平正义（欧文和布劳第根，1978[③]；毛瑞尔，1988[④]）；（6）在某些时候，政府干预主要是为了满足某些特殊利益集团的需要，或促使政府官员更方便地完成一些特定目标（施蒂格勒，1971[⑤]；佩兹曼，1976[⑥]）。

在我国，对于从国有企业改制上市的地方国有控股上市公司，其实际控制人为各级地方政府。由于上市公司对当地经济和社会发展具有举足轻重的作用，政府具有强烈的动机干预上市公司的经营活动，也包括干预上市公司的并购行为。因此，尽管政府干预企业经营活动是一个全球普遍存在的现象（法乔等，2006），但由于我国以国有经济为基础的社会主义经济制度，以及国有股股东虚置的现实状况，在我国的国有控股上市公司中，政府干预现象

---

① Vickrey W. Counterspeculation, Auctions, and Competitive Sealed Tenders [J]. Journal of Finance, 1961, 16 (1): 8 – 37.

② Posner R A. Theories of Economic Regulation [J]. Bell Journal of Economics & Management Science, 1974, 5 (2): 335 – 358.

③ Bruce M. Owen, Ronald Braeutigam. Regulation Game: Strategic Use of the Administrative Process [M]. HarperCollins Distribution Services, 1978.

④ Maurer, H. Alleghenies Verwaltungsrecht (6th edition) [M]. C. H. Beck, 1988.

⑤ Stigler G. J.. The Theory of Economic Regulation [J]. Bell Journal of Economics, 1971, 2 (1): 3 – 21.

⑥ Peltzman S. Toward a More General Theory of Regulation [J]. Journal of Law & Economics, 1976, 19 (2): 241 – 244.

表现得更为严重（樊纲等，2011）。具体而言，政府干预国有企业经营活动的目的主要有：（1）解决政府政策性负担。在我国从计划经济走向市场经济的过程中，政府权力配置经历了从集权到分权的过程，政府在此过程中获得了财政自主权、经济管理权等权力。同时，诸如就业、社会养老、社会稳定等社会目标也落到各级政府肩上（林毅夫和李志赟，2004；程仲鸣等，2008；向杨等，2013）。为了解决这些政策性负担，地方政府可能直接对辖区内一些亏损国有企业进行财政补贴，也可能利用盈利的国有企业来收购亏损的国有企业。（2）政府官员的政治晋升目标。20世纪80年代以后，我国政府官员的选拔和提升标准由过去的纯政治指标变成了经济绩效指标与政治指标相结合，这些显性指标包括地方GDP增长、地方财政收入增长、就业指标、社会稳定等（刘培林，2005；马亮，2013）。而就业指标、社会稳定等指标又依靠GDP增长、地方财政收入增长提供支撑。这种对政府官员政绩的评价机制导致了地方官员之间围绕GDP增长而进行"晋升锦标赛"（布兰查德和施莱弗，2001；周黎安，2004，2007；乔坤元，2013）。而国企规模的扩张在很大程度上能实现政府的诸多公共治理目标（魏明海，2007），所以，出于政府的政治目标，加之政府作为实际控制人的控制权优势，政府有强烈的动机干预国有控股上市公司的定向增发资产注入等并购行为。

无论是中央控股或者地方控股的国有上市公司，还是民营控股上市公司，控股股东将未上市的资产注入上市公司，都对证券市场和企业经营活动具有积极的意义，它可使未上市的资产实现证券化并增值（宋常和严宏深，2008），还有利于解决上市公司的产业链分割的弊端，促进上市公司产业链的延长，减少上市公司与母公司及其子公司的关联交易及同业竞争（罗忠洲等，2010；刘建勇等，2011）。而上市公司向控股股东定向增发并收购控股股东资产，既有利于扩大上市公司规模，实现资源的重新整合和利用；也有利于增强国有股东对上市公司的控制权。然而，需要注意的是，控股股东将未上市的资产注入上市公司的行为，本质上也是控股股东与上市公司之间的一次规模较大的关联交易，涉及控股股东与中小股东的利益问题。我国上市公司普遍存在股权集中度高的现象，公司的实际控制权牢牢掌握在控股股东手中，这也必然会导致控股股东利用其绝对控制权通过关联交易、并购、重组等方式"掏空"上市公司，侵害中小股东利益，以满足控股股东自身的私利目标。因此，上市公司定向增发新股收购控股股东资产这一行为很可能成为上市公司向控股股东进行利益输送的渠道。

5.2.2　理论分析及研究假设

在我国这样处于经济转轨时期的国家，完善、健全的市场经济体系尚未得到最终建立，市场仍处于欠发达状态，加之我国各地区间的经济发展存在较大的不平衡，需要政府从总体上进行协调，这些都决定了我国经济转型的显著特征之一是政府主导作用明显，其中一个较为突出的表现就是政府的干预会深刻影响企业的日常经营和决策。很多国内外研究表明，政府干预对企业既有可能是一种"支持"，也有可能是一种"掠夺"，但无论是"支持"还是"掠夺"，其实质都是为了政府及官员各项目标的实现（凯恩斯，1936；古利克，1962①；施莱弗和魏施尼，1994，1998；博伊科等，1996；雪莉和沃尔什，2000②；范等，2007；徐晓东和陈小悦，2003；周开国和李涛，2006；陈信元和黄俊，2007；张功富，2011；苏坤，2012；徐浩等，2015；韩雪，2016），这也印证了政府干预背后确实存在特殊利益集团的影响。

然而，具体到上市公司不同的控股股东属性和类型，我们认为，政府干

---

① Gulick, L. H. The Metropolitan Problem and American Ideas [M]. New York, Knopf, 1962.
② Shirley, M. M., P. Walsh. Public vs. private ownership: the current state of the debate [R]. Working Paper, World Bank, 2000.

预对地方国有控股、中央国有控股和民营控股的上市公司经济活动所产生的影响程度是有差别的。从地方国有控股上市公司的实际控制人——地方政府来看，地方政府不但凭借其控股股东身份，获得了对地方国有控股上市公司的绝对控制权，而且我国的各级地方政府及官员身为中央政府政策的具体执行者和地方发展的直接责任者，肩负着政治、经济、社会等多重治理目标，地方的经济增长、就业、社会稳定等直接关系到政府官员的晋升，同时部分官员也有谋求个人利益的"寻租"目标（布兰查德和施莱弗，2001；周黎安，2004；潘红波等，2008；王霞和夏梦楚，2016），这些都导致政府官员在对经济进行干预时，为了更迅速地实现治理目标、为个人晋升铺平道路，使得重复建设、饥渴式扩张、"一窝蜂"上项目等问题比比皆是（周黎安，2004，2007；王凤荣和高飞，2012）。由于地方政府实际上代替国家和全体人民对地方国有企业行使所有权，能够更方便地将各种目标转移到地方国有企业中（施莱弗和魏施尼，1998；林等，1998；顾建平和朱克朋，2006；程承坪，2013），与政府具有密切"血缘关系"的地方国有企业便自然而然成为地方政府及官员实施干预、转移政策性负担、快速获取政治收益的首选载体和工具。因此，地方政府官员为了实现地方治理目标及寻租目标，可能直接或间接干预所辖地区的国有企业（李和周，2005①；潘洪波等，2008；赵昌文等，2009；白俊和连立帅，2014）。

如前文所述，股权分置改革后，作为一种全面兴起的融资模式和并购重组的手段，定向增发资产注入既能整合资源，优化上市公司上下游产业链，形成一系列协同效应，又能巩固控股股东对公司的控制权，帮助控股股东获取超额收益，因而备受上市公司及其控股股东青睐。而且，股权分置改革使

---

① Li H, Zhou L. A.. Political turnover and economic performance: the incentive role of personnel control in China [J]. Journal of Public Economics, 2005, 89 (9－10): 1743－1762.

得我国资本市场一改以前国有股不能自由流通的局面，取而代之的是，国有股和其他类型的股权一样，都可以在市场上自由流通。而在国有股一股独大的股权结构下，作为地方国有控股上市公司的实际控制人，地方政府及官员也同样希望借助定向增发资产注入来满足自身的利益需求。

进一步地，由于定向增发的相关制度对发行股票的公司没有业绩的要求，且审核程序简便，控股股东还可以以资产认购发行的股份，给地方政府向上市公司注入资产提供了比较便利的条件。而且，作为股改后企业并购重组的一种主要形式，定向增发资产注入能够在短期内迅速扩大企业规模和"消灭"亏损企业，还能帮助一些非上市企业的资产"曲线上市"，有利于较快实现政府的一系列干预目标及官员个人的寻租目标（潘红波等，2008；王凤荣等，2011）。因此，我们认为，无论是作为地方国有控股上市公司的实际控制人，还是作为地区经济、社会的管理者，地方政府都有强烈的动机干预地方国有控股上市公司的定向增发资产注入行为。具体而言，地方政府干预地方国有控股上市公司的定向增发资产注入行为的动机主要表现在以下几方面。

（1）分税制财政体制改革是导致政府干预国有上市公司定向增发资产注入的根本原因。

我国 1994 年实行的分税制财政体制改革使得地方政府的财政收入成为地方政府利益的最直观体现，财政分权改革使得地方政府和中央政府之间形成了固定的长久契约，地方政府成了既定财政体制所设定的税金的剩余索取方。分税制改革使得地方政府成了独立的经济主体，提高了地方政府增加财政收入，发展当地经济的积极性，促使地方政府有了保护作为政治根基、财政收入以及私人利益的企业的动力，以利于增加当地的财政收入。地方国有控股上市公司的发展有利于增加地方政府的税收收入和国有股份的投资收益，从而提高地方政府的财力，这样地方政府就有动机去保护和推动国有企业的发展壮大。但另一方面，分税制的实施使得地方政府在获得了经济管理权与财政自主权等权利的同时，也必须承担更多的事权，也即是相应地需要承担起社会政治目标（程仲鸣等，2008）。地方政府的目标具有"多元性"，不仅仅有经济目标，如地方政府生产总值、财政收入状况以及经济增速等，还有社会目标，如就业、社会养老和社会稳定等。因此，地方政府行为往往需要在其承担的各种经济目标与社会目标之间相互博弈、相互取舍。特别是在近几年严峻的就业形势下，扩大就业对于地方政府实现经济发展与社会稳定双重目标具有重要意义，在这种情况下，地方政府往往利用其行政管理者与国有控股股东的"双重身份"，对辖区内国有上市公司进行干预，而干预国有控股上市公司定向增发资产注入是政府实现其目标的重要手段之一。

（2）股权分置改革是推动政府干预国有上市公司定向增发资产注入的直接原因。

20世纪90年代初，我国股票市场建立，其初衷是为国有企业解决融资问题，使国有企业摆脱经营困境。而当时我国股票发行制度采取的是审批制度，因为在我国股票市场建立的初期，股票市场的规模较小，机构投资者数量较少，政府对股票发行采取了严格的管制。国有企业为了达到政府规定的上市条件，并能在首次公开发行过程中筹集更多的资金，往往采取了将国有企业的一部分资产"剥离"后上市，即采取"分拆"上市模式，这样，原有企业成为上市公司的母公司（一般为控股股东）。这种"分拆"上市模式决定了我国上市公司的控股股东与上市公司之间存在着千丝万缕的联系。控股股东与上市公司之间由于产业链的人为分割，控股股东与上市公司之间的关联交易、控股股东资产及资金占用、违规担保等现象时有发生，影响了上市公司的正常经营活动，也损害了中小股东的利益。吴敬琏（2002）形象地把这种"分拆"上市比喻为母公司与上市公司穿着"连裆裤"，是控股股东的一种"圈钱"行为。因此，必须解决分拆上市的弊端问题。

为了解决我国上市公司"分拆"上市的弊端，国务院在 2004 年和 2005 年分别颁布了《国务院关于推进资本市场改革开放和稳定发展的若干意见》和《关于 2005 年深化经济体制改革的意见》等文件，文件明确指出，鼓励控股股东将非上市的优质资产注入上市公司，做优做强上市公司。随着我国上市公司股权分置改革的推进，证券管理部门也及时出台了有关文件，支持控股股东将未上市的资产注入上市公司。2006 年 5 月 8 日和 9 月 1 日，证监会分别颁布了《上市公司证券发行管理办法》和《上市公司收购管理办法》文件，并推出了上市公司定向增发制度来解决控股股东资产注入中的融资问题。2005 年 8 月 23 日，证监会等五部委又发布了《关于上市公司股权分置改革的指导意见》，明确提出"在解决股权分置问题后，支持绩优大型企业通过其控股的上市公司定向发行股份注入资产，以实现整体上市；支持上市公司以股份等多样化支付手段，通过吸收合并、换股收购等方式进行兼并重组，推动上市公司做优做强"。同时，国资委于 2006 年 12 月 5 日，发布了《关于推进国有资本调整和国有企业重组的指导意见》文件，"积极支持资产或主营业务资产优良的企业实现整体上市，鼓励已经上市的国有控股公司通过增资扩股、收购资产等方式，把主营业务的资产注入上市公司。"可见，政府的政策推动是出现控股股东将未上市的资产注入上市公司"热潮"的一个重要原因。

另外，由于股权分置改革之后国有股可以上市流通，政府有动机将非上市的资产注入上市公司，当这些注入的非上市资产资本化之后，原来非上市的资产换取的股份在锁定期满之后可以上市流通，这将增加国有股的价值。另外，将非上市资产注入上市公司还可以解决原来"分拆"带来的产业链分割、关联交易、同业竞争等问题，这些问题的解决有利于上市公司降低交易成本，更好地配置资源，促进上市公司的健康发展，从而带动当地经济的发展。将非上市资产注入上市公司还可以增强国有控股股东的控制权，这将更加有利于地方政府更好的通过干预企业经济活动实现其经济、社会等目标。

（3）定向增发制度为政府干预国有上市公司定向增发资产注入创造了条件。

定向增发与其他股权再融资方式（如配股、公开增发等）相比较，定向增发的门槛较低（无业绩要求，无融资额限制），程序更简单。当控股股东向上市公司注入资产时，上市公司可以面向其他机构投资者定向增发新股募集资金，然后用募集的资金收购控股股东的资产；上市公司也可以直接向控股股东定向增发，大股东则以资产认购上市公司定向增发的股份。由于上市公司定向增发没有业绩的要求，证券监管部门审批简单，这为国有控股上市公司的控股股东——政府，将非上市的资产注入其控制的上市公司创造了条件。

对于中央国有控股和民营控股上市公司而言，情况又如何呢？在我国，由中央控制的国有控股上市公司多是关系国计民生的特大型企业，直接受中央国资委垂直管理，与地方国有控股上市公司相比，中央国有控股上市公司的所有权更为清晰，中央政府的"委托人"特征更为明显，公司内外部面临的监管和约束较为严格，国家的法律法规及各项产业政策对其的实施力度更大，受新闻媒介以及社会公众的关注程度也较高，这些都使中央控股的国有控股上市公司的经营决策受到更多约束，中央政府"掏空"或"支持"上市公司的动机相对较弱（陈抗等，2002；陈等，2004①；王庆文和吴世农，2008；郝颖，2010；章剑，2012）。另外，中央政府总揽全局的管理职能，决定了其干预目标是实现全社会公共利益最大化，因而对企业并购等活动的影响会体现出更强的全局性，更注重并购对产业结构和央企效益的影响，而不

---

① Chen, D., J. P. H. Fan, T. J. Wong. Politicalled - Connected Ceos, Helping Hand or Grabbing Hand? [R]. Working Paper, Shanghai University of Finance and Economics and HKUST, 2004.

是把政府自身利益放在首要位置，也不会频频干预一般性并购（高燕燕等，2016）。因此，中央控股国有控股上市公司的定向增发资产注入受到的政府干预会相对较少。

而对于非政府控制的民营上市公司而言，一方面，从民营上市公司控股股东的角度来看，与地方国有控股上市公司的实际控制人——地方政府相比，民营上市公司控股股东的作用范围和程度相对较小，面临更强的外部监管，而相对而言，监管力量和法律约束、限制地方政府权力的难度更大（夏立军和方轶强，2005）；另一方面，从政府干预的角度来看，相对于地方政府直接控制的地方国有控股上市公司，地方政府对民营控股上市公司定向增发资产注入等并购活动的干预成本更高（方军雄，2008），民营控股上市公司的各类并购重组活动多以市场化行为居多，受地方政府直接影响较弱（周昌仕和宋献中，2013；葛伟杰等，2014）。由上述分析可推知，相对于中央国有控股上市公司和民营控股上市公司，地方国有控股上市公司的定向增发资产注入更容易受到地方政府多样化的目标的影响，也就更可能产生较高的注入资产比例。

基于以上分析，提出本章假设5.1：

假设5.1：地方国有控股上市公司定向增发资产注入的比例高于民营上市公司、中央控股上市公司定向增发资产注入比例。

控股股东对上市公司的控制强弱通常会直观体现在持股比例上，控股股东持股比例越高，则对上市公司的控制力越强，控股股东自身的利益越能得到保障（刘磊等，2004；艾健明和柯大钢，2007；倪慧萍和王跃堂，2012）。对于地方国有控股上市公司而言，地方政府并不会在公司财务报告中作为公司控股股东体现出来，而通常是由地方国资委、地方国有集团或其他行政机构、部门来扮演实际控制人的角色，但这些主体实质上都可以看作是地方政府的"代言人"，因而地方国有控股上市公司实际控制人的控股比例，其实就体现了地方政府对地方国有控股上市公司的控制程度，也在一定程度上反映了地方政府干预公司经济活动的动机和能力。由此，我们可以推知，地方政府在地方国有控股上市公司的控股比例越高，则其对公司定向增发资产注入干预的能力越强，影响公司定向增发资产注入的程度越大。在政府的干预下，无论是向上市公司注入优质资产还是劣质资产，政府的利益都不会受损，当向上市公司注入优质资产时，上市公司的竞争力进一步增强，有利于促进当地经济的发展和 GDP 的增长；而当向上市公司注入劣质资产时，上市公司直接为政府解决了"负担"，上市公司的利益直接输送到政府部门，上市公司的利益受损，但政府只承担了部分利益受损的成本，因此，政府的控股比例越大越有动机向上市公司注入资产。简言之，地方国有控股上市公司的国有控股比例越大时，地方国有控股上市公司定向增发资产注入的比例也越大。

基于以上分析，提出本章假设 5.2：

假设 5.2：地方政府对上市公司控股比例与地方国有控股上市公司定向增发资产注入的比例正相关。

5.3 研 究 设 计

5.3.1 样本选取与数据来源

本章选取 2006 年 1 月 1 日 ~ 2014 年 12 月 31 日沪、深两市实施了定向增发资产注入的 A 股上市公司为研究样本，得到属于定向增发资产注入①的原

---

① 根据定向增发发行资料数据表中的定向增发目的进行筛选，主要剔除了补充流动资金、配套融资、项目融资和引入战略投资者这几类不属于资产注入的样本。

始样本数量为623①，其中地方国有控股上市公司样本观测值为202个，中央控股上市公司样本观测值为113个，民营上市公司样本观测值为308个。为保证数据的有效性，按照以下步骤剔除了异常的样本：（1）数据缺失的上市公司；（2）资产负债率和净资产营业利润率异常的上市公司；（3）金融、保险类的上市公司。经过以上的筛选，我们最终得到满足要求的定向增发资产注入的观测样本数量为597个，其中地方国有控股上市公司的样本公司观测值为192个，其他类型上市公司的样本公司为405。为了消除极端值的影响，本章还对模型中主要的连续变量进行上下1%的缩尾（Winsorize）处理。

本章使用的定向增发资产注入数据来源于万得（WIND）数据库，上市公司特征和财务数据主要来源于国泰安（CSMAR）数据库。本章主要使用STA-TA 12软件进行数据处理和后续的计量分析。

5.3.2　模型设计与变量定义

为研究地方政府干预地方国有控股上市公司定向增发资产注入的动机，本章构建模型（1）和模型（2），分别检验上市公司不同的所有权属性及控股股东持股比例差异对定向增发资产注入比例的影响。具体模型如下：

模型（1）：

$$I_t = \alpha_0 + \alpha_1 Dfgy + \alpha_2 Size + \alpha_3 CROE + \alpha_4 Debtratio + \alpha_5 Gqzh10$$
$$+ \alpha_6 Growth + \alpha_7 Pb + \sum Year + \sum Industry + \varepsilon_1$$

模型（2）：

$$I_t = \beta_0 + \beta_1 Top1 + \beta_2 Size + \beta_3 CROE + \beta_4 Debtratio + \beta_5 Growth + \beta_6 Pb$$
$$+ \sum Year + \sum Industry + \varepsilon_2$$

---

① 剔除了不属于本章研究对象的外资企业样本观测值为10个。

其中，I_t 为被解释变量，定义为定向增发资产注入的比例，等于第 t 年公司注入资产金额与第 $t-1$ 年末公司的总资产金额的比例。$Dfgy$ 为模型 1 的解释变量，用于区分上市公司的不同所有权性质，是一个虚拟变量，在样本中，如果定向增发资产注入的上市公司为地方国有控股上市公司，则定义为 1，否则定义为 0。$Top1$ 为模型 2 的解释变量，表示第 t 年公司注入资产公司的控股股东持股比例。参考詹森和麦克林（1976）衡量公司质量的重要指标，本章还对上市公司规模、获利能力、负债水平、股权制衡度、成长性和公司市净率进行了控制，分别对应模型中 $Size$、$CROE$、$Debtratio$、$Gqzh10$、$Growth$ 和 Pb。α_0 和 β_0 分别为模型 1 和模型 2 中的常数项，$\alpha_1 \sim \alpha_7$ 以及 $\beta_1 \sim \beta_6$ 分别为模型 1 和模型 2 中对应变量的系数。ε_1 和 ε_2 为模型的随机干扰项。当 α_1 显著为正时，表明相较于非地方国有控股上市公司，地方国有控股上市公司在定向增发资产注入时注入资产的比例更大，则假设 5.1 得到验证。当 β_1 显著为正时，表明地方国有控股上市公司在定向增发资产注入时，控股股东持股比例越高，定向增发资产注入的比例越高，则假设 5.2 得到验证。此外，模型还控制了变量 $Year$ 和 $Industry$，以控制年度和行业因素的影响。各变量具体的符号及定义如表 5-1 所示。

表 5-1　　　　　　　　　　　　　变量定义及描述

变量类型	变量名	变量符号	变量定义
被解释变量	定向增发资产注入的比例	I_t	第 t 年公司注入资产金额与第 $t-1$ 年末公司的总资产金额的比例
解释变量	上市公司性质	$Dfgy$	如果属于地方国有控股上市公司定向增发资产注入，则定义为 1，否则为 0
	控股股东持股比例	$Top1$	定向增发资产注入前一年年末的控股股东持股比例

变量类型	变量名	变量符号	变量定义
控制变量	公司规模	Size	定向增发资产注入前一年年末的总资产规模的对数
	净资产营业利润率	CROE	定向增发资产注入前一年年末的营业利润与净资产之比
	资产负债率	Debtratio	定向增发资产注入前一年年末的负债总额与资产总额之比
	股权制衡度	Gqzh10	定向增发资产注入前一年年末的公司第二到第十大股东持股比例之和与第一大股东持股比例之比
	公司市净率	Pb	定向增发前一年末公司市净率, 控制公司营运风险
	公司成长性	Growth	定向增发资产注入前一年年末的公司可持续增长率
	年度	Year	年度虚拟变量
	行业	Industry	行业虚拟变量

5.4　实证结果分析

5.4.1　描述性统计分析

表 5 - 2 报告了文中主要变量的描述性统计分析结果。从表 5 - 2 可以看出, 我国上市公司定向增发资产注入的比例 (I_t) 的均值为 2.3046, 最大值和最小值分别为 0.0312 和 173.1766, 说明上市公司定向增发资产注入的比例

存在较大差异。控股股东持股比例（*Top*1）的均值为 36.5909，表明我国上市公司控股股东持股比例较大，股权较为集中，符合我国股权"一股独大"的现状。公司规模（*Size*）的均值为 21.4352，中位数为 21.3968，最大值为 24.7792，最小值为 16.6943，表明样本公司的规模分布较为平均，在合理范畴之内。资产负债率（*Debtratio*）的均值为 0.5320，表明样本公司的负债率处于合理范畴。

表 5 - 2 描述性统计

变量名	样本量	均值	标准差	最小值	中位数	最大值
I_t	597	2.3046	11.0500	0.0312	0.4279	173.1766
Dfgy	597	0.3223	0.4677	0.0000	0.0000	1.0000
*Top*1	597	36.5909	15.7379	9.2300	33.9850	75.9000
Size	597	21.4352	1.3404	16.6943	21.3968	24.7792
CROE	597	-0.0136	3.3572	-60.4049	0.0784	44.1082
Debtratio	597	0.5320	0.3538	0.0349	0.5006	2.9918
*Gqzh*10	597	0.7770	0.7259	0.0343	0.5441	3.3823
Growth	597	0.0651	0.2419	-1.0111	0.0591	1.2976
Pb	597	4.0506	7.9531	-33.9874	3.1610	53.8320

5.4.2 多元回归分析

由于描述性统计分析只是对定向增发资产注入的比例及其相关变量作了一个简单的整体描述，并未综合考虑各因素具体对定向增发资产注入的比例的影响程度，接下来将通过多元回归分析，进一步检验上市公司性质、控股股东持股比例与定向增发资产注入的比例的关系。表 5 - 3 报告了前文 2 个模型的多元回归分析结果。

表 5 - 3　　　　　　　　上市公司性质、控股股东持股比例与
定向增发资产注入的比例的关系

变量	模型 (1) I_t	模型 (2) I_t
Dfgy	1. 7373 ** (2. 50)	
Top1		0. 1701 *** (3. 85)
Size	- 2. 3755 *** (- 10. 05)	- 3. 4202 *** (- 6. 46)
CROE	0. 1339 (1. 04)	2. 6282 ** (2. 53)
Debtratio	10. 6564 *** (12. 01)	19. 8801 *** (9. 55)
Gqzh10	1. 0489 ** (2. 48)	
Growth	2. 6877 ** (2. 12)	- 0. 1784 (- 0. 06)
Pb	0. 0332 (0. 84)	- 0. 1380 (- 1. 30)
Constant	46. 9428 *** (5. 53)	61. 5027 *** (3. 96)
Year	Yes	Yes
Industry	Yes	Yes
N	597	192
Adj. R^2	0. 363	0. 611

注：***，**，*分别表示在1%，5%和10%的水平上显著，括号内的数字为双尾检验的 t 值。

从表 5 - 3 中可以得知，模型 1 中，是否为地方国有控股上市公司（Df-gy）与定向增发资产注入的比例（I_t）的回归系数为 1. 7373，并且在 5% 的水

平上显著为正，表明相对于民营上市公司、中央控股上市公司，地方国有控股上市公司定向增发资产注入的比例更高，与假设 5.1 一致。模型 2 中，当仅以地方国有控股上市公司作为研究样本时，解释变量控股股东持股比例（$Top1$）与定向增发资产注入的比例（I_t）的回归系数为 0.1701，在 1% 的水平上显著为正，表明地方政府控股的国有控股上市公司的控股股东持股比例越大时，上市公司定向增发资产注入的比例越高，验证了本章提出的假设 5.2。

从回归结果中还可以看出其他控制变量与定向增发资产注入的比例的相关关系。总资产规模的对数（$Size$）对定向增发资产注入的比例（I_t）有显著的负向影响，表明样本公司规模越大，定向增发资产注入的比例越低。样本公司的资产负债率（$Debtratio$）与定向增发资产注入的比例（I_t）显著正相关，表明样本公司的资产负债率越大，定向增发资产注入的比例越大。

5.4.3　稳健性检验

为了进一步验证本章得出的结论，本章进行了以下稳健性检验：

（1）对上市公司定向增发资产注入的金额取对数来替代上文中定向增发资产注入的比例，结果如表 5 - 4 所示，以验证本章的假设 5.1 和假设 5.2。

表 5 - 4　　　　地方国有控股比例与地方国有控股上市公司
定向增发资产注入金额关系的稳健性检验

变量	(1) Inject	(2) Inject
$Dfgy$	0.2271** (2.20)	

续表

变量	(1) *Inject*	(2) *Inject*
*Top*1		0.0101 * (1.80)
CROE	0.0211 (1.10)	0.0244 (0.20)
Size	0.2924 *** (8.29)	0.3457 *** (5.51)
Debtratio	0.3753 *** (2.84)	0.5771 ** (2.36)
*Gqzh*10	−0.0694 (−1.10)	
Growth	−0.4848 ** (−2.57)	0.0238 (0.07)
Pb	0.0216 *** (3.68)	0.0128 (1.03)
Constant	14.8617 *** (11.74)	13.3555 *** (8.69)
Year	Yes	Yes
Industry	Yes	Yes
N	597	192
Adj. R^2	0.214	0.236

注：***，**，*分别表示在1%，5%，10%水平上显著。括号内的数字为双尾检验的 t 值。

　　表5-4报告了国有控股比例与地方国有控股上市公司定向增发资产注入金额关系的稳健性检验结果。回归（1）中 *Dfgy* 的回归系数为0.2271，在5%水平上显著为正；回归（2）中地方国有控股上市公司的控股股东持股比

例（*Top*1）的回归系数为 0.0101，在 10% 水平上显著为正。实证结果验证了文中的假设 5.1 和假设 5.2，表明本章的结论是可靠的。

（2）替换控制变量，用上市公司定向增发前一年末的净资产收益率（*ROE*）替代净资产营业利润率（*CROE*），去掉定向增发前一年末的公司市净率（*Pb*），重复上述回归过程，结果如表 5-5 所示。

表 5-5　　　　　　　　　　稳健性检验

变量	(1) I_t	(2) I_t
Dfgy	1.7769 *** (2.59)	
*Top*1		0.1627 *** (3.68)
Size	-2.4845 *** (-10.54)	-3.3690 *** (-6.39)
ROE	6.2710 *** (3.29)	10.9300 *** (2.66)
Debtratio	11.0740 *** (12.71)	21.0945 *** (10.84)
*Gqzh*10	0.9894 ** (2.36)	
Growth	-4.2567 * (-1.68)	-11.6075 ** (-2.10)
Constant	48.7349 *** (5.80)	58.8055 *** (3.88)
Year	Yes	Yes
Industry	Yes	Yes
N	597	192
Adj. R^2	0.374	0.605

注：***，**，* 分别表示在 1%，5%，10% 水平上显著。括号内的数字为双尾检验的 t 值。

表 5 - 5 的回归 (1) 中 $Dfgy$ 的回归系数为 1. 7769，在 1% 水平上显著为正，验证了本章的假设 5. 1；回归 (2) 中 $Top1$ 的回归系数为 0. 1627，也在 1% 水平上显著为正，验证了本章的假设 5. 2。表明本章的研究结论较为稳健。

5. 5　研　究　结　论

本章对我国地方政府干预地方国有控股上市公司定向增发资产注入的动机进行了研究，并用 2006 ~ 2014 年沪、深两市已经发生了定向增发资产注入的上市公司的样本数据进行了实证检验。本章研究发现：

(1) 地方政府及官员的多重治理目标是其干预地方国有控股上市公司定向增发资产注入活动的内在动因，由于地方政府独立利益主体的地位得到不断巩固和强化，它们对上市公司的干预更倾向于以地方整体利益、政绩利益的最大化为导向，热衷于以各种行政手段来对上市公司定向增发资产注入等并购活动施加影响，而不太在意这些手段是否有利于公司价值最大化目标的实现；而《上市公司证券发行办法》和《上市公司非公开发行股票实施细则》在公司业绩、审核等方面相对宽松的规定，为地方政府控制和操纵地方国有控股上市公司定向增发资产注入提供了较为充分的外部条件。

(2) 与中央国有控股上市公司和民营控股上市公司相比，地方国有控股上市公司定向增发资产注入的比例更高。究其原因，主要与控股股东的目标函数、政府干预的成本及外部力量的约束程度等方面的差异密切相关。中央国有控股上市公司关系国计民生，又受国务院国资委直接管理，其重大经营决策受到更强的监督和约束，并且中央政府的目标是为全社会的利益最大化服务，统领全局；民营控股上市公司的控股股东对公司的干预则更多从经济利益和公司长期发展的角度考虑，其经济活动多以市场化为主导，并且政府干预的成本高，因而受地方政府直接干预的程度较弱；而地方国有控股上市公司的"幕后"实际控制人——地方政府的权力所受到的监管和约束相对更弱，地方政府的治理目标又具有多样化、具体化、与官员升迁紧密相关等特点，这些都为地方政府在背后推动地方国有控股上市公司定向增发资产注入热潮提供了一定的便利，强化了地方政府的干预动机。

（3）地方国有控股上市公司的实际控制人控股比例越高，则公司定向增发资产注入的比例越高。这一结论也进一步说明，地方政府存在通过干预公司的定向增发资产注入活动来"掏空"或"支持"地方国有控股上市公司的动机，但究竟是哪种动机更显著，在什么时候表现为"掏空"，什么时候表现为"支持"，这些还有待后文进一步检验。

第6章

地方政府干预地方国有上市公司定向增发资产注入与利益输送的实证研究

6.1 引　言

在股权分置时代，我国上市公司大多采取了剥离非核心资产改制上市模式（吴敬琏，2004），一些公司为了达到中国证监会 IPO 的规定要求，在政府的支持下，采取行政手段将原有的国有企业"分拆"一部分优质资产上市。而在股权分置改革之后，却出现了上市公司定向增发新股让控股股东将非上市的资产注入国有控股上市公司的"热潮"（张忆东，2007）。

大股东将非上市资产注入上市公司，作为一种并购行为以实现做大做强上市公司，本身无可厚非。但是，从本质上讲，大股东将非上市资产注入上市公司的行为，是一次规模较大的上市公司与控股股东之间的关联交易。大量的研究表明，在法律环境和公司治理机制不完善的情况下，控股股东和中小股东之间的利益并不一致，关联交易很可能成为控股股东进行利益输送的渠道（LLSV，2000；JLLS，2000；陈信元等，2003；李增泉等，2004）。

针对我国上市公司资产注入现象，我国学者进行了大量研究。有学者认为上市公司大股东资产注入的目的是获得注入资产证券化之后带来的巨大资产增值效应（黄建欢和尹筑嘉，2008；朱国泓和张祖士，2010）；也有的学者认为通过资产注入可以促进上市公司的产业链整合、减少关联交易（刘建勇等，2011）· 等。但占主流的观点认为上市公司大股东资产注入的目的是向大股东进行利益输送。学者们认为我国上市公司定向增发资产注入向大股东进行利益输送的方式主要有：（1）上市公司利用定向增发将集团公司劣质资产注入上市公司，从而向大股东进行利益输送（季华等，2010；章卫东和李海川，2010）；（2）在上市公司定向增发新股收购控股股东及其关联股东资产时，控股股东操纵注入资产的评估价格进行利益输送（李姣姣和干胜道，2015）；（3）在上市公司定向增发新股收购控股股东及其关联股东资产时，控股股东通过盈余管理等方式操纵定向增发的发行价格，向大股东进行利益输送（张鸣和郭思永，2009；章卫东等，2013）。可见这些向大股东进行利益输送的方式都是"掏空"上市公司的行为。

尽管上述研究揭示了大股东在定向增发资产注入中存在"掏空"现象，但是大股东资产注入是一次规模较大的关联交易，关联交易就可能存在"双向利益输送"，那么在大股东资产注入这一关联交易中是否存在大股东向上市公司输送利益来"支持"上市公司的现象呢？如果存在，那么，在什么情况下大股东"支持"上市公司，又在什么情况下"掏空"上市公司呢？

大股东在资产注入时是"支持"还是"掏空"上市公司，涉及上市公司大股东的利益。对于国有控股上市公司而言，国有控股上市公司在当地经济和社会发展中具有举足轻重的地位，地方政府有强烈的动机干预国有控股上市公司的经营活动，尤其是对企业的并购、投资活动进行干预。而迄今为止，关于政府行为对企业影响的研究，较多的是考察政府行为对公司价值、业绩和投资行为的影响（夏立军和方轶强，2005；陈信元和黄俊，2007；程仲鸣等，2008；钟海燕等，2010），但直接研究我国政府干预对上市公司定向增发资产注入行为影响的文献极少。本章以政府干预理论为基础研究了我国上市公司定向增发资产注入中政府的"支持"和"掏空"现象。

6.2 理论分析及研究假设

我国上市公司的股权结构不仅像欧洲、东南亚等国家的上市公司那样存在一个控股股东，而且我国的上市公司大多数是被国家控股，出于政府的政治目标，政府有强烈的动机干预企业的经营活动。若上市公司的终极控制人为政府，这种股权结构为政府利用其大股东身份，来实现政府自身的目标创造了天然的便利条件。政府干预企业的行为有"掏空""支持"两种手段。政府"掠夺之手"理论（弗赖伊和施莱弗，1997；施莱弗和魏施尼，1998）认为，政府官员为了实现个人的政治目标，具有从国有企业寻租的动机。如地方政府有动机和能力要求其控制的国有控股上市公司并购地方国有控股的亏损企业，以便缓解当地的就业压力、增加财政收入等（潘红波等，2008）。政府"支持之手"理论（施莱弗和魏施尼，1998；赵昌文等，2009）认为，政府官员为了实现个人的政治目标，也可能通过财政补贴、信贷支持或直接向地方国有控股上市公司注入优质资产等来扶持上市公司，提高上市公司盈利能力。政府的"支持之手"和"掠夺之手"的目的是一致的，都是将政府自身的社会性目标内部化到其控制的上市公司中。潘红波等（2008）分别以盈利的地方国有控股上市公司并购和亏损的地方国有控股上市公司并购为研究对象，发现地方政府在地方国有控股上市公司并购中既有"掏空"的时候，也有通过并购来"支持"上市公司的现象，验证了政府在上市公司并购中的"两只手"的作用。李增泉等（2005）却认为，虽然地方政府或大股东具有支持或掏空上市公司的动机，支持是为了维持业绩以获得配股资格，而掏空则是赤裸裸的利益侵占行为。实际上，在现有的制度环境下，支持的最终目的很可能还是为了掏空，即所谓的"放长线钓大鱼"。可见，我国政府或者大股东"支持"的目的是为了通过对业绩的正向支持使上市公司获得融资资格、避免退市或者做大做强上市公司，但其最终的目的还是为了将来政府或者大股东能从国有控股的上市公司获得更多的控制权收益。

当政府干预的方式为"支持"企业时，政府干预对企业业绩有正面影响（法乔和帕斯利，2006①；王庆文和吴世农，2008）。而当政府干预的方式为"掏空"企业时，对企业业绩有负面影响（林等，1998；邓建平和曾勇，2009）。陈信元和黄俊（2007）认为，政府干预更多地体现为政府的政策性目标以及个人私利。无论是基于"掏空"动机还是"支持"动机的政府干预，都无助于公司绩效的持久改善（李增泉等，2005），无助于竞争优势的获得（宋献中和周昌仕，2007）。由此可见，政府对公司的干预将通过对公司业绩的影响得以显现。

在股权分置改革之后，我国证券市场出现了大股东向上市公司注入资产"热"的现象。由于大股东将资产注入上市公司的过程，是在大股东控制下的一次规模较大的上市公司与大股东之间的关联交易，在公司治理水平较低、法制不健全的环境下，由于大股东机会主义的存在，关联交易很可能成为大股东进行利益输送的渠道（LLSV，2000；JLLS，2000；李增泉等，2004）。而对于政府控股的上市公司来说，国有股东掌握上市公司的控制权，政府可以

---

① Faccio, M., Parsley, D. Sudden Death: Taking Stock of Political Connections [R]. Working paper, Vanderbilt University, 2006.

直接或间接干预国有控股上市公司的经营活动，进而使上市公司的经营活动满足政府的目标，如增加就业岗位、增加当地的税收、促进社会稳定以及提高 GDP 的增长等。政府不仅掌握了大量的资源，而且控制了资源的分配权，政府可以通过给上市公司配置优质资源来"支持"上市公司，也可以通过资源配置来"掏空"上市公司。在我国建立资本市场之后，各级政府都积极支持国有控股企业剥离优质资产改制上市，使一批国有企业通过资本市场融资摆脱了经营困境，许多上市公司成为当地经济发展的"生力军"。但是，由于国有控股企业在剥离优质资产上市之后，还有大量非优质资产没有进入上市公司，给当地政府带来了沉重的负担。由于我国股票发行的严格业绩要求和审核制度，使得这些盈利不佳的非上市资产很难直接通过 IPO 上市，而政府又具有强烈的动机"盘活"这些盈利不佳的非上市资产，将这些盈利不佳的非上市资产注入上市公司是最为快捷的方式。因此，地方政府为了转嫁这种负担，促进当地经济的发展，提高 GDP 的增长，将一些经营不善、业绩较差的非上市国有公司资产注入盈利较好的国有上市公司，使业绩较差的非上市国有公司经过重组之后摆脱经营困境，提高非上市国有公司的持续经营能力，从而实现政府的政治目标。由于向盈利的上市公司注入了劣质的资产，将导致国有控股上市公司在定向增发资产注入之后业绩和公司价值下降。并且，当地方国有控股上市公司的盈利能力越强时，地方政府可能具有更强的动机向上市公司注入劣质的资产，以便更为快捷和有效地"盘活"非上市资产，更大程度地提高非上市国有公司的持续经营能力，从而更好地实现政府的政治目标，而在定向增发资产注入后，地方国有控股上市公司的经营业绩和公司价值下降越快。

基于以上分析，提出假设 6.1：

假设 6.1：盈利型的地方国有控股上市公司定向增发资产注入后，其经营业绩和公司价值下降，其定向增发资产注入具有"掏空"效应。并且，盈利性越好的地方国有控股上市公司在定向增发资产注入后，其经营业绩及公司价值下降越快，其定向增发资产注入的"掏空"现象更加严重。

为了实现政府的政治目标，政府对其辖区内的上市公司不完全是"掏空"，也可能出现"支持"上市公司的现象。上市公司在地方经济和社会发展中具有重要作用，上市公司在地方 GDP 增长、地方财政收入增长以及就业指标等方面有着重要贡献，因此，地方政府有强烈的动机做强做优上市公司。弗里德曼等（2003）① 发现大股东为了获得长期收益，如为了保持上市公司不被摘牌、为获得股权融资资格等向公司输送资源以维持公司的业绩，这种反向的利益输送称为"支持"行为。

由于政府将诸多公共治理目标，甚至包括政府官员的个人利益等内部化到其控制的上市公司中（张洪辉和王宗军，2010），因此，为了避免亏损型上市公司带上"ST"的帽子，防止其财务状况无法有效改善之下导致的退市，政府具有强烈的动机支持亏损型公司，并在政府的进一步支持下使之恢复再融资的功能。而向亏损型上市公司注入经营性的优质资产，可以增强亏损型上市公司的持续经营能力，在短期内改善亏损型上市公司的财务状况，从而使亏损型上市公司避免被 ST 甚至是退市。因此，在定向增发资产注入后，亏损型的地方国有控股上市公司的经营业绩和公司价值会上升。

基于以上分析，提出假设 6.2：

假设 6.2：亏损型的地方国有控股上市公司在定向增发资产注入后，其经营业绩和公司价值上升，其定向增发资产注入具有"支持"效应。

---

① Friedman E. , Johnson S. , Mitton T. . Propping and Tunneling [J]. Journal of Comparative Economics, 2003, 31 (4): 732 – 750.

6.3 研 究 设 计

6.3.1 样本选取与数据来源

本章选取 2006 年 1 月 1 日～2014 年 12 月 31 日沪、深两市实施了定向增发资产注入的地方国有控股上市公司为研究样本。为保证数据的有效性,本章按照以下步骤剔除了异常的样本:(1) 数据不全的上市公司;(2) 资产负债率和净资产营业利润率异常的上市公司;(3) 金融、保险类的上市公司。经过以上的筛选,我们最终得到满足要求的定向增发资产注入的观察值为192 个。

本章使用的定向增发资产注入数据来源于万得(WIND)数据库,上市公司财务数据主要来源于国泰安(CSMAR)数据库。本章主要使用 STATA12 进行计量处理。

6.3.2 模型设计与变量定义

本章构建如下模型来研究定向增发资产注入后盈利型和亏损型地方国有控股上市公司的经营业绩和公司价值。具体模型如下:

模型1、2:

$$
\begin{aligned}
\Delta ROE(\Delta ROA) = {} & \alpha_0 + \alpha_1 Gain + \alpha_2 CROE + \alpha_3 Size + \alpha_4 Debtratio \\
& + \alpha_5 Gqzh10 + \alpha_6 Growth + \alpha_7 FCF \\
& + \alpha_8 Fraction + \sum Year + \sum Industry + \varepsilon_1
\end{aligned}
$$

模型 3：

$$\Delta BHAR = \chi_0 + \chi_1 Gain + \chi_2 CROE + \chi_3 Size + \chi_4 Debtratio + \chi_5 Gqzh10$$
$$+ \chi_6 Growth + \chi_7 FCF + \chi_8 Fraction + \chi_9 Pb$$
$$+ \sum Year + \sum Industry + \varepsilon_2$$

其中：ΔROE 和 ΔROA 为被解释变量，表示当上市公司定向增发资产注入后上一年度末的 ROE（ROA）减去增发下一年年末 ROE（ROA），以衡量公司经营业绩的变化。被解释变量 $\Delta BHAR$ 表示当上市公司定向增发资产注入上一年度末的 $BHAR\_1$ 减去定向增发资产注入下一年年末 $BHAR1$，以衡量公司定向增发资产注入后公司价值的变化，其中，$BHAR$ 为长期持有期超额收益率（定向增发资产注入后 12 个月股东的持有期超额收益率），计算方法如下：

$$BHAR = \prod (1 + r_{i,t}) - \prod (1 + r_{m,t})$$

解释变量 $Gain$ 是一个虚拟变量，以样本公司定向增发资产注入前 2 年的算术平均净资产收益率（ROE）为依据，对 ROE 进行由高到低排序，大于 ROE 的中位数的样本作为盈利型公司样本，小于或等于 ROE 的中位数的样本作为亏损型公司样本，接着对盈利型公司样本的 ROE 取中位数，大于中位数的 $Gain$ 取值为 1，代表盈利性好的公司，小于或等于中位数的 $Gain$ 取值为 0，代表盈利性相对不那么好的公司。参考同类文献，本章把上市公司增发前一年末的净资产营业利润率、公司规模、负债水平、股权制衡度、公司成长性、每股自由现金流量、公司市净率、增发比例以及年度虚拟变量和行业虚拟变量作为文中模型的控制变量。各变量具体符号和定义如表 6 - 1 所示。为了验证本章的假设 6.1 和假设 6.2，我们预测模型 1 ~ 3 中 $Gain$ 的回归系数 α_1、χ_1 应显著为正。

表 6-1   变量符号和定义

变量类型	变量名	变量符号	变量定义
被解释变量	经营业绩变化	ΔROE	当上市公司定向增发资产注入上一年度末的 ROE（ROE_1）减去定向增发资产注入下一年年末 ROE（ROE1）
		ΔROA	当上市公司定向增发资产注入上一年度末的 ROA（ROA_1）减去定向增发资产注入下一年年末 ROA（ROA1）
	公司价值变化	$\Delta BHAR$	当上市公司定向增发资产注入上一年度末的 BHAR_1 减去定向增发资产注入下一年年末 BHAR1。其中，BHAR 指长期持有期超额收益率（定向增发资产注入后 12 个月股东的持有期超额收益率）
解释变量	盈利性公司虚拟变量	Gain	以样本公司定向增发资产注入前 2 年的算术平均净资产收益率（ROE）为依据，对 ROE 进行由高到低排序，大于 ROE 的中位数的样本作为盈利公司样本，小于或等于 ROE 的中位数的样本作为亏损公司样本。接着对盈利型公司样本的 ROE 取中位数，大于中位数的 Gain 取值为 1，代表盈利性较好的公司，小于或等于中位数的 Gain 取值为 0，代表盈利性相对不那么好的公司
控制变量	盈利能力	CROE	定向增发前一年净资产营业利润率
	公司规模	Size	定向增发前一年年末总资产的自然对数
	资产负债率	Debtratio	定向增发前一年年末负债总额与资产总额之比
	股权制衡度	Gqzh10	定向增发前一年末公司第二到第十大股东持股比例之和与第一大股东持股比例之比
	公司成长性	Growth	定向增发前一年末公司的可持续增长率
	每股自由现金流量	Fcf	定向增发前一年末公司每股自由现金流量
	公司市净率	Pb	定向增发前一年末公司市净率，控制公司营运风险
	增发比例	Fraction	定向增发的股份数量与增发前公司股份总数的比值
	年度	Year	年度虚拟变量
	行业	Industry	行业虚拟变量

6.4　实证结果分析

6.4.1　描述性统计

表 6 - 2 报告了各主要变量的描述性统计分析结果。地方国有控股上市公司定向增发资产注入上一年度的 ROE 和下一年 ROE 的均值为 0.0574 和 0.1090，地方国有控股上市公司定向增发资产注入上一年度的 ROA 和下一年 ROA 的均值为 0.0297 和 0.0516，表明在定向增发资产注入前后 ROE 和 ROA 总体上呈上升趋势。地方国有控股上市公司定向增发资产注入上一年度的 BHAR 和下一年度的 BHAR 的均值分别为 0.1075、0.0522，表明在地方国有控股上市公司定向增发资产注入后 BHAR 总体上呈下降趋势。增发比例的均值为 0.7601，表明样本公司的定向增发股份数量较大。股权制衡度的均值和中位数为 0.5192 和 0.2845，表明我国地方国有控股上市公司的大股东持股比例较大，股权较为集中，这也符合我国的基本国情。公司规模的均值为 21.7762，标准差为 1.4990，表明样本公司的规模差异不大。资产负债率的均值为 0.6074，表明我国地方国有控股上市公司的资产负债率较高。

表 6 - 2　　　　　　　　　　　　描述性统计

变量	样本量	均值	标准差	最小值	中位数	最大值
BHAR_1	192	0.1075	0.8054	- 1.3289	0.0127	4.4070
BHAR1	192	0.0522	0.5650	- 2.3557	0.0136	2.6213
ROE_1	192	0.0574	0.4848	- 3.1273	0.0857	1.4023

续表

变量	样本量	均值	标准差	最小值	中位数	最大值
ROE1	192	0.1090	0.1097	−0.3347	0.1000	0.4464
ROA_1	192	0.0297	0.1088	−0.4822	0.0398	0.3082
ROA1	192	0.0516	0.0484	−0.0522	0.0418	0.2223
Fraction	192	0.7601	0.9835	0.0302	0.4492	6.2456
CROE	192	−0.0864	1.0919	−7.7162	0.1025	0.7033
Size	192	21.7762	1.4990	16.8271	21.8101	24.9113
Debtratio	192	0.6074	0.3923	0.0933	0.5802	2.9918
Gqzh10	192	0.5192	0.5346	0.0232	0.2845	2.4685
Growth	192	0.0972	0.3666	−1.0074	0.0748	2.2668
FCF	192	−0.0613	1.1753	−4.5618	0.0083	2.6381
Pb	192	3.1617	7.4155	−33.9874	2.5980	26.9833

6.4.2　单变量分析

表6-3为盈利型和亏损型地方国有控股上市公司在定向增发资产注入前后经营业绩的差异情况。本章通过 ROA 和 ROE 两个指标共同衡量定向增发资产注入前后公司的经营业绩。对盈利型地方国有控股上市公司而言，在定向增发资产注入前后 ROE 和 ROA 的均值差异的 t 值为 3.6330 和 0.8645，前者在 1% 水平上显著为正，中位数差异的 Z 值为 4.456 和 3.772，均在 1% 水平上显著为正，表明在定向增发资产注入后，盈利型地方国有控股上市公司的经营业绩下降，因此表明地方政府对盈利型的地方国有控股上市公司的"掏空"效应。对亏损型地方国有控股上市公司而言，在定向增发资产注入前后 ROE 和 ROA 的均值差异的 t 值为 −2.5047 和 −4.4890，分别在 5% 和 1% 水平上显著为负，中位数差异的 Z 值为 −3.943 和 −4.692，均在 1% 水平上显著，

表明在定向增发资产注入后，亏损型地方国有控股上市公司的经营业绩上升，表明地方政府对亏损型的地方国有控股上市公司的"支持"效应。这验证了本章的假设 6.1 和假设 6.2。

表 6 - 3　　　　　　盈利型和亏损型地方国有控股上市公司定向
增发资产注入前后经营业绩的差异检验

		均值检验		中位数检验	
盈利型	定向增发上一年的 *ROE*	0.1901	定向增发上一年的 *ROE*	0.1403	
	定向增发后一年的 *ROE*	0.1213	定向增发后一年的 *ROE*	0.1093	
	t 值	3.6330 ***	Z 值	4.456 ***	
	定向增发上一年的 *ROA*	0.0650	定向增发上一年的 *ROA*	0.0667	
	定向增发后一年的 *ROA*	0.0568	定向增发后一年的 *ROA*	0.0506	
	t 值	0.8645	Z 值	3.772 ***	
		均值检验		中位数检验	
亏损型	定向增发上一年的 *ROE*	- 0.0754	定向增发上一年的 *ROE*	0.0310	
	定向增发后一年的 *ROE*	0.0967	定向增发后一年的 *ROE*	0.0907	
	t 值	- 2.5047 **	Z 值	- 3.943 ***	
	定向增发上一年的 *ROA*	- 0.0057	定向增发上一年的 *ROA*	0.0129	
	定向增发后一年的 *ROA*	0.0464	定向增发后一年的 *ROA*	0.0330	
	t 值	- 4.4890 ***	Z 值	- 4.692 ***	

注：***，**，* 分别表示在 1%，5%，10% 水平上显著。

表 6 - 4 为盈利型和亏损型地方国有控股上市公司在定向增发资产注入前后公司价值的差异情况。本章用 *BHAR* 来衡量定向增发资产注入前后的公司价值。对盈利型地方国有控股上市公司而言，在定向增发资产注入前后 *BHAR* 的均值差异的 t 值为 3.9547，在 1% 水平上显著为正，中位数差异的 Z 值为 3.932，在 1% 水平上显著为正，表明在定向增发资产注入后，盈利型地方国

有控股上市公司的公司价值下降，表明地方政府对盈利型的地方国有控股上市公司的"掏空"效应。对亏损型地方国有控股上市公司而言，在定向增发资产注入前后 *BHAR* 的均值差异的 t 值为 -2.5494，中位数差异的 Z 值为 -2.393，均在 5% 水平上显著为负，这表明在定向增发资产注入后，亏损型地方国有控股上市公司的公司价值上升，表明地方政府对亏损型的地方国有控股上市公司的"支持"效应，这验证了本章的假设 6.1 和假设 6.2。

表 6 - 4　　　　　　盈利型和亏损型地方国有控股上市公司定向
增发资产注入前后公司价值的差异检验

	均值检验		中位数检验	
盈利型	定向增发上一年的 *BHAR*	0.1831	定向增发上一年的 *BHAR*	0.0650
	定向增发后一年的 *BHAR*	-0.1943	定向增发后一年的 *BHAR*	-0.1155
	t 值	3.9547 ***	Z 值	3.932 ***
	均值检验		中位数检验	
亏损型	定向增发上一年的 *BHAR*	0.0318	定向增发上一年的 *BHAR*	-0.0396
	定向增发后一年的 *BHAR*	0.2986	定向增发后一年的 *BHAR*	0.1426
	t 值	-2.5494 **	Z 值	-2.393 **

注：***，**，* 分别表示在 1%，5%，10% 水平上显著。

6.4.3　回归分析

盈利性的地方国有控股上市公司在定向增发资产注入后的经营业绩及公司价值变化的回归分析结果如表 6-5 所示。模型 1 和模型 2 是盈利型地方国有控股上市公司在定向增发资产注入后经营业绩的回归结果。从回归（1）和（2）中可以看出，*Gain* 的回归系数分别为 0.0781 和 0.0257，分别在 1% 和 5% 水平上显著为正，表明盈利性越好的地方国有控股上市公司在定向增发资产注入后，其经营业绩下降越快，结果与假设 6.1 一致。控制变量中，地方国有控股上市公司的成长性越好，公司规模越大，则其经营业绩下降越大，表明"掏空"上市公司的现象越严重。

从回归（3）中可以看出，Gain 的回归系数为 0.5194，在 5% 水平上显著为正，表明盈利性越好的地方国有控股上市公司在定向增发资产注入后，其公司价值下降幅度越大，结果与假设 6.1 相符。控制变量中，公司的成长性越好，公司的市净率越高，定向增发资产注入后公司价值下降越快，即"掏空"现象越严重。

表 6 - 5　　　　　　　　　　　多元回归分析

变量	(1) ΔROE	(2) ΔROA	(3) $\Delta BHAR$
Gain	0.0781 *** (2.78)	0.0257 ** (2.15)	0.5194 ** (1.98)
CROE	− 0.6284 *** (− 5.13)	− 0.0252 (− 0.48)	− 0.9781 (− 0.82)
Fraction	0.0002 (0.02)	− 0.0010 (− 0.18)	− 0.0464 (− 0.40)
Fcf	− 0.0039 (− 0.47)	− 0.0055 (− 1.55)	− 0.0923 (− 1.29)
Gqzh10	− 0.0367 (− 1.21)	− 0.0131 (− 1.01)	0.5698 ** (2.15)
Size	0.0096 (0.94)	0.0160 *** (3.66)	− 0.1158 (− 1.17)

续表

变量	(1) ΔROE	(2) ΔROA	(3) $\Delta BHAR$
Debtratio	0.0275 (0.74)	- 0.1820 *** (- 11.44)	- 0.0127 (- 0.04)
Growth	0.6289 *** (13.10)	0.1088 *** (5.31)	0.8434 * (1.88)
Pb			0.0820 *** (2.60)
Constant	- 0.3466 (- 1.34)	- 0.3340 *** (- 3.03)	0.5707 (0.25)
Year	Yes	Yes	Yes
Industry	Yes	Yes	Yes
N	96	96	96
Adj. R^2	0.741	0.804	0.316

注：***，**，* 分别表示在1%，5%，10%水平上显著。括号内的数字为双尾检验的 t 值。

6.5　稳健性检验

为了进一步验证本章得出的结论，本章进行了以下稳健性检验：

（1）用经过行业调整的净资产收益率（RROA）为上市公司增发前后经营业绩的替代变量，用公司的每股收益（EPS）作为上市公司增发前后公司价值的替代变量，重复上文中的回归步骤，发现结果基本保持不变，证明本章的假设是可靠的。

（2）以样本公司定向增发资产注入前 2 年的算术平均净资产收益率（ROE）为依据，对 ROE 进行由高到低排序，以排在前 30% 的上市公司作为盈利型公司样本，排在后 30% 的上市公司作为亏损型公司样本，其他条件保持不变。重复上述回归步骤，结果与上文无实质性差异，证明本章的结论是稳健的。

6.6 研究结论

本章以 2006～2014 年沪、深两市实施了定向增发资产注入的地方国有控股上市公司为研究样本，实证研究了地方政府对地方国有控股上市公司定向增发资产注入利益输送的影响，研究结果发现：我国上市公司大股东资产注入行为是控股股东与上市公司之间的一次关联交易，在这一关联交易中，作为控股股东的政府有可能"支持"上市公司，也可能"掏空"上市公司。

（1）当上市公司盈利时，地方政府通过向地方国有控股上市公司注入劣质非上市资产来"掏空"上市公司，这样可以使一些非上市的资产得以"盘活"，促进地方经济的整体发展，实现政府官员的政治目标，因此盈利型的地方国有控股上市公司定向增发资产注入后，其经营业绩和公司价值下降，其定向增发资产注入具有"掏空"效应。并且，盈利性越好的地方国有控股上市公司在定向增发资产注入后，其经营业绩及公司价值下降越快，其定向增发资产注入的"掏空"现象更加严重。

（2）当上市公司处于亏损时，为了避免上市公司进一步亏损导致退市，甚至使亏损型公司（特别是 ST 上市公司）恢复再融资功能，地方政府可能通过向亏损型上市公司注入优质资产"支持"上市公司，因此亏损型的地方国有控股上市公司在定向增发资产注入后，其经营业绩和公司价值上升，其定向增发资产注入具有"支持"效应。

第7章

制度环境对地方国有上市公司
定向增发资产注入利益输送
影响的实证研究

7.1 引　言

　　我国不同地区之间地理位置、国家政策等方面存在较大差异（樊纲等，2011）。有研究表明，企业所处地区的经济发展、金融发展及市场化程度等外部制度环境会造成政府干预地方国有上市公司的程度存在差异，在市场化程度高、政府干预程度较少的地区，政府很少将其政策性负担转移到上市公司，公司业绩和价值可能更高（钱和温加斯特，1997；范等，2007；孙铮等，2005；陈信元和黄俊，2007）。那么，当地方国有控股上市公司定向增发资产注入时，公司所处的制度环境存在差异，是否会影响地方政府对地方国有控股上市公司的"支持"或者"掠夺"行为呢？

　　本部分以政府掠夺之手理论和政府支持之手理论为基础，结合我国特殊的新兴市场和转型经济特征，从理论和实证两方面分析和检验地方政府干预地方国有控股上市公司定向增发资产注入的经济后果。并且，探究了在不同的制度环境下，这种经济后果是否会发生变化。

本部分的主要贡献在于以下两个方面：首先，本部分将建立基于地方政府干预下的地方国有控股上市公司定向增发资产注入的理论框架，特别地，加入了制度环境这一变量，这不仅有助于从地方国有控股上市公司定向增发资产注入的视角拓展和深化政府掠夺之手理论和政府支持之手理论，而且有助于从政府干预角度拓展和深化大股东与中小股东的代理理论，形成对地方国有控股上市公司热衷于定向增发资产注入的新解释；其次，由于上市公司定向增发资产注入是近年来实务界和理论界关注和研究的热点问题，通过揭示地方国有控股上市公司定向增发资产注入中的政府干预问题，有助于证券监管部门完善上市公司定向增发资产注入的监管制度，同时，为上市公司更好地制订定向增发资产注入的方案和投资者参与定向增发资产注入的上市公司投资提供一个新的参考平台。

7.2 理论分析及研究假设

制度学派的开创者凡勃伦（1898）认为，制度的实质是个人或社会对有关的某些关系或某些作用的共有的、固定的思维方式。制度是经济社会发展的必要条件，各种静态或演变的制度构成了制度环境。制度环境最初由戴维斯和诺思（1970）提出，并把制度环境定义为"用来管理经济政治活动的一系列基本的政治、社会和法律基础规则"。诺思（1990）和李雪灵等（2012）把制度环境视为一个社会的博弈规则，并分为正式制度环境（如法律、产权制度、契约条例等）与非正式制度环境（如传统、社会规范、习俗、文化观念、共享的思维模式、不成文的行为规则等），两者相互依存、相互补充，并提出组织要获得社会支持和合法的存在就必须遵循它所处的制度环境。也有学者把企业的制度环境分成企业内部制度环境（最根本的内部制度是关于公司治理的安排）和外部制度环境（吴先明，2011；周建等，2009）。其中，内部制度环境，由结构、标准和过去设立的做法所构成（迈耶和罗恩，1977[1]），外部制度环境是一系列政治、社会和法律规则，是地区正式制度和非正式制度对经济产生影响的因素总和（周建等，2009），由供应商、客户、竞争者和监管机构等其他组织所构成（迪马吉欧和鲍威尔，1983[2]）。

　　制度在很大范围内影响着企业的生存发展、经营绩效以及战略决策，提供了一个国家的法律、经济和社会体制的安排（刘等，2002[3]；陈和牧野，2007[4]；德米尔巴等，2008[5]；迈耶等，2009[6]；潘镇等，2008），良好的制度能够促进信息流动顺畅、降低外部性和扶持竞争从而保证市场机制的健康运行（麦克米伦和伍德拉夫，2002[7]）。制度对经济增长有较大影响的原因是制度决定了社会中核心经济要素的激励结构，从而对物质和人力资本以及

　　[1]　Meyer J. W. , Rowan B. . Institutionalized Organizations：Formal Structure as Myth and Ceremony [J]. American Journal of Sociology, 1977, 83（2）：340 – 363.

　　[2]　DiMaggio, Paul J. , Powell, Walter W. . The Iron Cage Revisited：Institutional Isomorphism And Collective Rationality In Organizational Fields [J]. American Sociological Review, 1983, 48（2）：147 – 160.

　　[3]　Lau C. M. , Tse D. K. , Zhou N. . Institutional Forces and Organizational Culture in China：Effects on Change Schemas, Firm Commitment and Job Satisfaction [J]. Journal of International Business Studies, 2002, 33（3）：533 – 550.

　　[4]　Christine M. Chan, Shige Makino. Legitimacy And Multi – Level Institutional Environments：Implications For Foreign Subsidiary Ownership Structure [J]. Journal of International Business Studies, 2007, 38（4）：621 – 638.

　　[5]　Demirbag M. , Tatoglu E. , Glaister K. W. . Factors affecting perceptions of the choice between acquisition and greenfield entry：The case of Western FDI in an emerging market [J]. Management International Review, 2008, 48（1）：5 – 38.

　　[6]　Meyer K. E. , Estrin S. , Bhaumik S. K. , et al. Institutions, resources, and entry strategies in emerging economies [J]. Strategic Management Journal, 2009, 30（1）：61 – 80.

　　[7]　McMillan J. , Woodruff C. . The Central Role of Entrepreneurs in Transition Economies [J]. Journal of Economic Perspectives, 2002, 16（3）：153 – 170.

技术和生产组织等的投资产生了重大影响（阿西莫格鲁等，2004①）。LLSV（1998）认为，法律对投资者的保护程度，对于投资者的投资行为具有重要影响，进而影响地区的金融发展水平。

但中国经济的发展被认为是对完善的市场机制、政府治理和较高的法治化水平作为经济增长的必备条件这一主流理论的重要挑战。例如，中国所在的制度环境并不具备主流理论的必要条件但竟然取得了持续快速的经济增长（邹，1997②），李和周（2005）认为其原因主要是政府起到的至关重要的作用。在中国内部，虽然基本的法律法规和政府管制在全国范围内的差异并不明显，但由于不同区域间的制度环境的效率和市场化程度的较大差别③（樊纲等，2011），造成企业的税费比例、非生产性时间和资源的支出等都存在着巨大的差别（世界银行，2006），这种差别的一个重要特征就是政府对市场的干预程度不同。杨灿明（2000）认为，当区域的发展主要是由市场这只"看不见的手"来调节时，起主导作用的就是各地区的资源禀赋、投资环境、市场容量等经济性因素，地方政府想干预企业的难度较大，因为地方政府必须克服强劲的市场规律和完善的产权保护机制，那么企业更可能从自身出发做出决策。并且，强劲的市场规律和完善的产权保护机制使得政府、公司股东和管理层都关注企业价值最大化（范等，2007），这种目标一致性不仅能降低政府与企业间由于目标不同产生的政治成本，也能降低经理层—股东、大股东—中小股东之间的两类代理成本，使得公司的决策更加科学。而在市场化程度较低以及政府干预较高的地区，政府参与企业经营和银行借贷对当地经济活动的干预度，地方政府在开发权、审批权、税收优惠等支配权的范围，

---

① Acemoglu, Daron, Johnson, S., Robinson, J. Institutions as the Fundamental Cause of Long – Run Growth [R]. working paper, 2004.

② Chow G. C. . Challenges of China's Economic System for Economic Theory [J]. American Economic Review, 1997, 87 (2): 321 –327.

③ 这种差别指东部优于中部，中部优于西部的不平衡局面（樊纲等，2011）。

以及企业与政府之间的沟通协调成本要大于市场化程度较高的地区（孙铮等，2005；吴文锋等，2008；余明桂和潘红波，2008），企业的资源并不是基于市场这只"看不见的手"的配置，政府在直接资源配置中的作用更多的是作为"教练员"而不是"裁判员"（陈运森和朱松，2009）。夏立军和方轶强（2005）、黄俊和张天舒（2010）也认为市场化程度低和产权保护机制不完善是影响契约的签订和市场交易成本的直接因素，严重制约了市场竞争和价格机制对资源的配置。陈倩倩和尹义华（2014）认为在制度环境较差的地区，企业在获得投融资机会等方面更加依赖于政治性、特权性关系。我国的经济发展正处于转型期，定向增发作为企业的一项重要的融资决策，也必然会受到制度环境的影响。

本书第五章已通过理论分析得出当地方国有控股上市公司的国有控股比例越大时，地方国有控股上市公司定向增发资产注入的比例越大。特别地，在市场化进程越慢的地区，其资源禀赋、投资环境、市场容量等经济性条件较差，地方政府面临的财政压力也较大，地方政府通过资产注入来解决"负担"动机越强，而较差的法律环境、市场化程度、产权保护机制又为政府通过资产注入进行利益输送提供了较为便利的制度环境。因此，当地方国有控股上市公司所处的制度环境越差时，地方政府的干预动机和能力就越大，此时地方国有控股上市公司的国有控股比例越大时，地方国有控股上市公司定向增发资产注入的比例也越大。

基于此，本章提出以下研究假设：

假设7.1：当地方国有控股上市公司所处的制度环境越差，地方国有控股上市公司的国有控股比例越大时，地方国有控股上市公司定向增发资产注入的比例也越大。

国有企业和地方政府之间的紧密联系，给原本对国有企业就存在强烈干预动机的地方政府的干预行为提供了便利。我国地方政府不仅承担了就业、社会养老、社会稳定等责任，而且对政府官员政绩的评价机制导致了地方官员之间"晋升锦标赛"的出现。政府干预企业的理论包括"掠夺之手"理论和"支持之手"理论。为了实现个人的政治目标，政府官员具有从国有企业寻租的动机，即"掏空"上市公司的动机；政府官员也可能通过财政补贴、信贷支持或直接向地方国有控股上市公司注入优质资产等来扶持上市公司，即"支持"上市公司。"掏空"和"支持"的目的是一致的，都是将政府自身的社会性目标内部化到其控制的上市公司中。当政府干预企业的方式表现为"支持"时，对企业业绩有正面影响；而当政府干预企业的方式表现为"掏空"时，对企业业绩有负面影响。可见，政府对公司的干预体现在对公司业绩的影响上，也验证了政府干预上市公司的"两只手"理论。

在我国的资本市场建立之后，各级政府都积极支持国有控股企业剥离优质资产改制上市，但是还留下了大量非优质资产未进入上市公司，这给当地政府带来了沉重的负担。由于我国股票发行的严格业绩要求和审核制度，使得这些盈利不佳的非上市资产很难直接通过 IPO 上市，并且由于政府对这些非上市资产的强烈的"盘活"动机，而最为快捷的方式可能就是将这些非上市资产注入上市公司。因此，地方政府为了促进当地经济的发展，将一些盈利不佳的非上市国有公司资产注入盈利较好的国有上市公司，使这些非上市公司经过重组之后摆脱经营困境，提高持续经营能力，从而实现政府的政治目标。由于向盈利的上市公司注入了劣质的资产，将导致国有控股上市公司在定向增发资产注入之后公司经营业绩和公司价值下降，而地方政府只应承担上市公司业绩和价值下降的部分成本。并且，当地方国有控股上市公司的盈利能力越强时，地方政府可能具有更强的动机向上市公司注入劣质的资产，以便更为快捷和有效地"盘活"非上市资产，更大程度地提高非上市国有公司的持续经营能力，从而更好地实现政府的政治目标，而在定向增发资产注入后，地方国有控股上市公司的经营业绩和公司价值下降越快。

为了实现地方政府的政治目标，地方政府对其管辖区域内的上市公司也可能予以"支持"。上市公司在地方经济和社会发展中做出的重要贡献，使得地方政府有强烈的动机做优做强上市公司。弗里德曼等（2003）把大股东为了保持上市公司不被摘牌、为获得股权融资资格等向公司输送资源的行为称为"支持"行为。实际上，支持的最终目的很可能是为了将来更好的"掏空"，即"放长线钓大鱼"。

由于政府将许多公共治理目标内部化到其控制的上市公司中，因此，为了避免亏损型的上市公司戴上"ST"的帽子，防止其财务状况无法有效改善之下导致的退市，政府具有强烈的动机支持亏损型公司。而向亏损型的上市公司注入经营性优质资产，可以增强亏损型的上市公司的持续经营能力并在短期内改善亏损型上市公司的财务状况，从而使亏损型的上市公司避免被"ST"甚至是退市。因此，在定向增发资产注入后，亏损型的地方国有控股上市公司的经营业绩和公司价值会上升。

对于所处地区的制度环境较差的盈利型地方国有控股上市公司，由于当地的法律环境较差、市场化程度较低、产权保护机制不够完善，这为政府通过向上市公司注入劣质资产来转移政府的"负担"提供了较为便利的制度环境，这使得地方政府对上市公司资产注入干预的动机和能力越强，并且上市公司的盈利越好，上市公司承担注入劣质资产不至于亏损的能力越强，政府向其注入劣质资产的金额和数量也可以越大，即"掏空"的程度越大，此时，上市公司的经营业绩和公司价值下降也会越大；同样道理，对于所处地区的制度环境较差的亏损型地方国有控股上市公司，地方政府有强烈的动机来帮助这些亏损型地方国有控股上市公司，以避免这些亏损型地方国有控股上市公司"退市"、使其恢复再融资功能，因此地方政府可能向上市公司注入优质资产或者相关的资产来支持亏损的上市公司，促进当地的经济发展和社会稳定，进而提高地方政府官员的政治业绩，这样地方政府就会以更大的力度来支持亏损型地方国有控股上市公司，并且当地的制度环境越差，地方政府的市场经济意识和观念弱，地方政府向亏损型上市公司注入优质资产或者相关的资产的力度会越大，此时亏损型上市公司注入资产后其经营业绩和公司价值会提升越快，即"支持"的程度越大。

由此，本章提出如下研究假设：

假设7.2：当地区制度环境越差时，盈利型的地方国有控股上市公司定向增发资产注入后，其经营业绩及公司价值下降越快，并且，地方国有控股上市公司盈利性越好，定向增发资产注入后其经营业绩及公司价值下降越快。

假设7.3：当地区制度环境越差时，亏损型的地方国有控股上市公司定向增发资产注入后，其经营业绩及公司价值上升越快。

7.3　研究设计

7.3.1　样本选取与数据来源

本章选取2006年1月1日～2014年12月31日沪、深两市实施了定向增发资产注入的地方国有控股上市公司为研究样本。为保证数据的有效性，本章按照以下步骤剔除了异常的样本：（1）数据不全的上市公司；（2）资产负债率和净资产收益率异常的上市公司；（3）金融、保险行业的上市公司。经过以上的筛选，我们最终得到满足要求的定向增发资产注入的观察值为 192 个。

本章使用的定向增发资产注入数据来源于万得（WIND）数据库，制度环境数据来源于樊纲等（2011）发布的市场化进程总指数，上市公司的公司治理数据和财务数据主要来源于国泰安（CSMAR）数据库。为了降低数据的极端值对结果的影响，本章对文中主要的连续变量进行了 1% 和 99% 分位上的缩尾（Winsorize）处理。本章主要使用 STATA12 进行计量处理。

7.3.2　模型设计与变量定义

本章构建如下模型来研究制度环境对地方国有控股上市公司定向增发资产注入的比例及其经营业绩和公司价值的影响。具体模型如下：

模型 1：

$$I_t = \varphi_0 + \varphi_1 Ins + \varphi_2 Top1 + \varphi_3 Ins \times Top1 + \varphi_4 CROE + \varphi_5 Size + \varphi_6 Debtratio$$
$$+ \varphi_7 Growth + \varphi_8 Pb + \sum Year + \sum Industry + \varepsilon_2$$

模型 2、3、4：

$$\Delta ROE(\Delta ROA) = \partial_0 + \partial_1 Ins + \partial_2 CROE + \partial_3 Size + \partial_4 Debtratio + \partial_5 Gqzh10$$
$$+ \partial_6 Growth + \partial_7 FCF + \partial_8 Fraction$$
$$+ \sum Year + \sum Industry + \varepsilon_3$$

$$\Delta BHAR = \kappa_0 + \kappa_1 Ins + \kappa_2 CROE + \kappa_3 Size + \kappa_4 Debtratio + \kappa_5 Gqzh10$$
$$+ \kappa_6 Growth + \kappa_7 FCF + \kappa_8 Fraction + \kappa_9 Pb$$
$$+ \sum Year + \sum Industry + \varepsilon_4$$

模型 5、6、7：

$$\Delta ROE(\Delta ROA) = \phi_0 + \phi_1 Ins + \phi_2 Gain + \phi_3 Ins \times Gain + \phi_4 CROE + \phi_5 Size$$
$$+ \phi_6 Debtratio + \phi_7 Gqzh10 + \phi_8 Growth + \phi_9 FCF$$
$$+ \phi_{10} Fraction + \sum Year + \sum Industry + \varepsilon_5$$

$$\Delta BHAR = \omega_0 + \omega_1 Ins + \omega_2 Gain + \omega_3 Ins \times Gain + \omega_4 CROE + \omega_5 Size + \omega_6 Debtratio$$
$$+ \omega_7 Gqzh10 + \omega_8 Growth + \omega_9 FCF + \omega_{10} Fraction + \omega_{11} Pb$$
$$+ \sum Year + \sum Industry + \varepsilon_6$$

模型 8、9、10：

$$- \Delta ROE(-\Delta ROA) = \gamma_0 + \gamma_1 Ins + \gamma_2 CROE + \gamma_3 Size + \gamma_4 Debtratio$$
$$+ \gamma_5 Gqzh10 + \gamma_6 Growth + \gamma_7 FCF$$
$$+ \gamma_8 Fraction + \sum Year + \sum Industry + \varepsilon_7$$

$$- \Delta BHAR = \rho_0 + \rho_1 Ins + \rho_2 CROE + \rho_3 Size + \rho_4 Debtratio + \rho_5 Gqzh10$$
$$+ \rho_6 Growth + \rho_7 FCF + \rho_8 Fraction + \rho_9 Pb$$
$$+ \sum Year + \sum Industry + \varepsilon_8$$

其中：I_t 为被解释变量，定义为定向增发资产注入的比例，等于第 t 年公司注入资产金额与第 $t-1$ 年末公司的总资产金额的比例。ΔROE 和 ΔROA 为被解释变量，表示当上市公司定向增发资产注入后上一年度末的 ROE（ROA）减去增发下一年年末 ROE（ROA），以衡量公司定向增发资产注入后公司经营业绩的变化。被解释变量 $\Delta BHAR$ 表示当上市公司定向增发资产注入上一年度末的 $BHAR\_1$ 减去定向增发资产注入下一年年末 $BHAR1$，以衡量公司定向增发资产注入后公司价值的变化，其中，$BHAR$ 指长期持有期超额收益率（定向增发资产注入后 12 个月股东的持有期超额收益率），计算方法如下：

$$BHAR = \prod (1 + r_{i,t}) - \prod (1 + r_{m,t})$$

为了更好地对结果进行解释，本章分别对模型 2、模型 3、模型 4 中的

ΔROE、ΔROA、$\Delta BHAR$ 取负号作为模型 8 ~ 10 的被解释变量。解释变量 Ins 为樊纲等（2011）发布的市场化进程总指数，反映公司所在地（省）的市场化水平，衡量公司所处的制度环境，由于该指数仅截至 2009 年，因此本章采用了二次指数平滑法计算出了 2010 ~ 2014 年的市场化指数；$Top1$ 为增发前一年末公司控股股东持股比例；解释变量 $Gain$ 为虚拟变量，以样本公司定向增发资产注入前 2 年的算术平均净资产收益率（ROE）为依据，对 ROE 进行由高到低排序，大于 ROE 的中位数的样本作为盈利型公司样本，小于或等于 ROE 的中位数的样本作为亏损型公司样本，接着对盈利型公司样本的 ROE 取中位数，大于中位数的 $Gain$ 取值为 1，代表盈利性好的公司，小于或等于中位数的 $Gain$ 取值为 0，代表盈利性相对不那么好的公司。参考同类文献，本章把上市公司增发前一年末的净资产营业利润率、公司规模、负债水平、股权制衡度、公司成长性、每股自由现金流量、公司市净率、增发比例以及年度虚拟变量和行业虚拟变量作为文中模型的控制变量。各变量具体符号和定义如表 7 - 1 所示。为了验证本章的假设，我们预测 φ_3、∂_1、κ_1、ϕ_3、ω_3、γ_1、ρ_1 应显著为负。

表 7 - 1   变量名称和定义

变量类型	变量名	变量符号	变量定义
被解释变量	定向增发资产注入的比例	I_t	第 t 年上市公司注入资产金额与第 t - 1 年末公司的总资产金额的比例
	经营业绩变化	ΔROE	当上市公司定向增发资产注入上一年度末的 ROE（ROE_1）减去定向增发资产注入下一年年末 ROE（$ROE1$）
		ΔROA	当上市公司定向增发资产注入上一年度末的 ROA（ROA_1）减去定向增发资产注入下一年年末 ROA（$ROA1$）
	公司价值变化	$\Delta BHAR$	当上市公司定向增发资产注入上一年度末的 $BHAR\_1$ 减去定向增发资产注入下一年年末 $BHAR1$。其中，$BHAR$ 指长期持有期超额收益率（定向增发资产注入后 12 个月股东的持有期超额收益率）

变量类型	变量名	变量符号	变量定义
解释变量	制度环境	*Ins*	樊纲等（2011）发布的市场化进程总指数，反映公司所在地（省）的市场化水平
	国有控股比例	*Top*1	增发前一年末公司控股股东持股比例
	盈利性好的公司	*Gain*	以样本公司定向增发资产注入前2年的算术平均净资产收益率（*ROE*）为依据，对*ROE*进行由高到低排序，大于*ROE*的中位数的样本作为盈利型公司样本，小于或等于*ROE*的中位数的样本作为亏损型公司样本。接着对盈利型公司样本的*ROE*取中位数，大于中位数的*Gain*取值为1，代表盈利性较好的公司，小于或等于中位数的*Gain*取值为0，代表盈利性相对不那么好的公司
控制变量	盈利能力	*CROE*	定向增发前一年净资产营业利润率
	公司规模	*Size*	定向增发前一年年末总资产的自然对数
	资产负债率	*Debtratio*	定向增发前一年年末负债总额与资产总额之比
	股权制衡度	*Gqzh*10	定向增发前一年末公司第二到第十大股东持股比例之和与第一大股东持股比例之比
	公司成长性	*Growth*	定向增发前一年末公司的可持续增长率
	每股自由现金流量	*FCF*	定向增发前一年末公司每股自由现金流量
	公司市净率	*Pb*	定向增发前一年末公司市净率，控制公司营运风险
	增发比例	*Fraction*	定向增发的股份数量与增发前公司股份总数的比值
	年度	*Year*	年度虚拟变量
	行业	*Industry*	行业虚拟变量

7.4 实证结果分析

7.4.1 描述性统计

表7-2报告了文中各主要变量的描述性统计分析结果。地方国有控股上

市公司定向增发资产注入的比例的均值为 3.5822，表明增发当年向上市公司注入资产的金额较大。地方国有控股上市公司定向增发资产注入上一年度的 *ROE* 和下一年 *ROE* 的均值为 0.0574 和 0.1090，地方国有控股上市公司定向增发资产注入上一年度的 *ROA* 和下一年 *ROA* 的均值为 0.0297 和 0.0516，表明在定向增发资产注入前后 *ROE* 和 *ROA* 总体上呈上升趋势。地方国有控股上市公司定向增发资产注入上一年度的 *BHAR* 和下一年度的 *BHAR* 的均值分别为 0.1075、0.0522，表明在地方国有控股上市公司定向增发资产注入后 *BHAR* 总体上呈下降趋势。制度环境的均值和中位数为 8.2465 和 7.9466，上市公司控股股东持股比例的均值为 42.2619%，表明地方国有控股上市公司的控股股东持股比例较大，股权较为集中，大股东的控制权较大。增发比例的均值为 0.7601，表明样本公司的定向增发股份数量较大。公司规模的均值为 21.7762，标准差为 1.4990，表明样本公司的规模差异不大。资产负债率的均值为 0.6074，表明我国地方国有控股上市公司的资产负债率较高。

表 7-2　　　　　　　　　　　　描述性统计

变量	样本量	均值	标准差	最小值	中位数	最大值
I_t	192	3.5822	18.4852	0.0301	0.4764	173.1766
$BHAR\_1$	192	0.1075	0.8054	-1.3289	0.0127	4.4070
$BHAR1$	192	0.0522	0.5650	-2.3557	0.0136	2.6213
ROE_1	192	0.0574	0.4848	-3.1273	0.0857	1.4023
$ROE1$	192	0.1090	0.1097	-0.3347	0.1000	0.4464
ROA_1	192	0.0297	0.1088	-0.4822	0.0398	0.3082
$ROA1$	192	0.0516	0.0484	-0.0522	0.0418	0.2223
Ins	192	8.2465	1.9663	3.2500	7.9466	11.8000
$Top1$	192	42.2619	16.3666	12.7500	42.0650	83.4300

变量	样本量	均值	标准差	最小值	中位数	最大值
Fraction	192	0.7601	0.9835	0.0302	0.4492	6.2456
CROE	192	−0.0864	1.0919	−7.7162	0.1025	0.7033
Size	192	21.7762	1.4990	16.8271	21.8101	24.9113
Debtratio	192	0.6074	0.3923	0.0933	0.5802	2.9918
*Gqzh*10	192	0.5192	0.5346	0.0232	0.2845	2.4685
Growth	192	0.0972	0.3666	−1.0074	0.0748	2.2668
FCF	192	−0.0613	1.1753	−4.5618	0.0083	2.6381
Pb	192	3.1617	7.4155	−33.9874	2.5980	26.9833

7.4.2　多元回归分析

（1）制度环境、国有控股比例与地方国有控股上市公司定向增发资产注入的比例的关系。

表7-3报告了制度环境、国有控股比例与地方国有控股上市公司定向增发资产注入的比例关系的回归结果。回归（1）中，制度环境变量与国有控股比例的交乘项（$Ins \times Top1$）的回归系数为−0.0414，且在5%水平上显著为负，表明当地方国有控股上市公司所处的制度环境越差，地方国有控股上市公司的国有控股比例越大时，地方国有控股上市公司定向增发资产注入的比例越大。假设7.1得到验证。控制变量方面，地方国有控股上市公司的盈利能力越强，公司的资产负债率越高，地方国有控股上市公司定向增发资产注入的比例越大；地方国有控股上市公司的公司规模越小，地方国有控股上市公司定向增发资产注入的比例越大。

表 7 – 3   制度环境、国有控股比例与地方国有控股上市公司
定向增发资产注入的比例的回归分析

变量	(1) I_t
Ins	2.9713 *** (3.14)
Top1	0.4012 ** (2.13)
Ins × Top1	− 0.0414 ** (− 1.97)
CROE	2.2609 ** (2.16)
Size	− 3.4252 *** (− 6.29)
Debtratio	20.4846 *** (9.66)
Growth	− 0.9344 (− 0.32)
Pb	− 0.2003 * (− 1.83)
Constant	58.9528 *** (3.82)
Year	Yes
Industry	Yes
N	192
Adj. R^2	0.608

注：***，**，*分别表示在1%，5%，10%水平上显著。括号内的数字为双尾检验的 t 值。

（2）制度环境与盈利型地方国有控股上市公司定向增发资产注入后的经营业绩及公司价值的关系。

表7-4报告了制度环境与盈利型的地方国有控股上市公司在定向增发资产注入后的经营业绩及公司价值变化的回归分析结果。回归（2）至（4）检验的是制度环境对盈利型地方国有控股上市公司定向增发资产注入后经营业绩和公司价值变化的影响。从回归（2）和（3）中可以看出，Ins 的回归系数分别为 -0.0051 和 -0.0069，前者在10%的水平上显著为负，表明当地方国有控股上市公司所处的制度环境越差时，盈利型的地方国有控股上市公司在定向增发资产注入后的经营业绩下降越快，验证了本章的假设7.2。从回归（4）可以看出，Ins 的回归系数为 -0.0205，小于0但不显著。

表7-4 制度环境与盈利型地方国有控股上市公司定向增发资产
注入后的经营业绩及公司价值的回归分析

变量	(2) ΔROA	(3) ΔROE	(4) $\Delta BHAR$	(5) ΔROA	(6) ΔROE	(7) $\Delta BHAR$
Ins	-0.0051 * (-1.72)	-0.0069 (-0.98)	-0.0205 (-0.38)	-0.0097 ** (-2.48)	-0.0107 (-1.14)	0.0912 (1.44)
$Gain$				0.0783 (1.56)	0.0276 (0.23)	2.4231 *** (2.80)
$Ins \times Gain$				-0.0101 * (-1.74)	-0.0075 (-0.53)	-0.2917 *** (-2.98)
$CROE$	-0.0008 (-0.02)	-0.5055 *** (-4.03)	-0.2960 (-0.29)	0.0070 (0.13)	-0.5328 *** (-4.08)	-1.1667 (-1.08)
$Fraction$	-0.0063 (-1.12)	-0.0115 (-0.86)	0.0215 (0.22)	-0.0057 (-1.01)	-0.0080 (-0.59)	0.0095 (0.10)

续表

变量	(2) ΔROA	(3) ΔROE	(4) $\Delta BHAR$	(5) ΔROA	(6) ΔROE	(7) $\Delta BHAR$
FCF	-0.0014 (-0.37)	0.0058 (0.66)	-0.0090 (-0.14)	-0.0037 (-0.95)	0.0029 (0.31)	0.0599 (0.92)
Gqzh10	-0.0031 (-0.23)	0.0046 (0.15)	0.5632 ** (2.41)	-0.0045 (-0.34)	0.0009 (0.03)	0.5601 ** (2.53)
Size	0.0115 ** (2.50)	0.0026 (0.24)	0.0157 (0.18)	0.0095 ** (2.02)	0.0010 (0.08)	0.0708 (0.83)
Debtratio	-0.1833 *** (-11.20)	0.0391 (1.00)	0.0353 (0.11)	-0.1865 *** (-11.34)	0.0302 (0.76)	0.0856 (0.28)
Growth	0.1187 *** (5.42)	0.6595 *** (12.61)	0.8707 ** (2.14)	0.1113 *** (5.04)	0.6499 *** (12.22)	1.1896 *** (2.97)
Pb			0.0634 ** (2.29)			0.0731 *** (2.75)
Constant	-0.1674 (-1.56)	-0.0217 (-0.09)	-0.7924 (-0.35)	-0.0741 (-0.63)	0.0544 (0.19)	-3.2141 (-1.36)
Year	Yes	Yes	Yes	Yes	Yes	Yes
Industry	Yes	Yes	Yes	Yes	Yes	Yes
N	96	96	96	96	96	96
Adj. R^2	0.762	0.673	0.472	0.766	0.673	0.524

注：***，**，* 分别表示在1%，5%，10%水平上显著。括号内的数字为双尾检验的 t 值。

回归（5）~（7）检验的是当公司所处的制度环境、盈利性高和低的地方国有控股上市公司对上市公司定向增发资产注入后的经营业绩和公司价值变化的影响。从回归（5）和（6）可以看出，制度环境与盈利性高低的变量的交乘项（$Ins \times Gain$）的回归系数分别为 -0.0101 和 -0.0075，两者均小于0，且前者在 10% 的水平上显著，表明当地方国有控股上市公司所处的制度环境越差，地方国有控股上市公司盈利性越好时，其经营业绩下降越快，验证了文中的假设 7.2。从回归（7）可以看出，$Gain$ 的回归系数为 2.4231，在 1% 水平上显著为正，制度环境与盈利性高低的变量的交乘项（$Ins \times Gain$）的回归系数为 -0.2917，在 1% 水平上显著为负，表明当制度环境越差，地方国有控股上市公司盈利性越好时，其公司价值下降越快，假设 7.2 得到验证。控制变量方面，地方国有控股上市公司的成长能力越强时，公司规模越大时，地方国有控股上市公司定向增发资产注入后的经营业绩和公司价值下降越快。

（3）制度环境与亏损型的地方国有控股上市公司定向增发资产注入后的经营业绩及公司价值的关系。

表 7-5 报告了制度环境与亏损型的地方国有控股上市公司在定向增发资产注入后的经营业绩及公司价值变化关系的回归分析结果。从回归（8）和（9）的结果可以看出，Ins 的回归系数分别为 -0.0056 和 -0.0338，后者在 10% 的水平上显著为负，表明当地方国有控股上市公司所处的制度环境越差时，亏损型的地方国有控股上市公司在定向增发资产注入后的经营业绩上升越快，验证了本章的假设 7.3。从回归（10）可以看出，Ins 的回归系数为 -0.1182，在 10% 水平上显著为负，这表明当地方国有控股上市公司所处的制度环境越差时，亏损型的地方国有控股上市公司在定向增发资产注入后的公司价值上升越快，假设 7.3 得证。控制变量方面，地方国有控股上市公司的公司规模越大，地方国有控股上市公司的资产负债率越小，其定向增发资产注入后的经营业绩上升越慢；公司市净率越高，公司价值上升越慢。

表 7 - 5　　　　　**制度环境与亏损型地方国有控股上市公司定向增发**

资产注入后的经营业绩及公司价值的回归分析

变量	(8) $-\Delta ROA$	(9) $-\Delta ROE$	(10) $-\Delta BHAR$
Ins	-0.0056 (-1.00)	-0.0338* (-1.79)	-0.1182* (-1.72)
CROE	0.0202** (2.35)	-0.1594*** (-5.11)	0.0022 (0.01)
Fraction	0.0096 (1.03)	0.0283 (0.82)	-0.2173* (-1.76)
FCF	0.0071 (0.77)	0.0543 (1.60)	0.0296 (0.25)
Gqzh10	-0.0154 (-0.84)	0.0410 (0.60)	-0.4199* (-1.79)
Size	-0.0204*** (-2.80)	-0.0396* (-1.66)	0.0021 (0.02)
Debtratio	0.0740* (1.73)	0.1864 (1.61)	0.1619 (0.38)
Growth	0.0268 (1.22)	-1.0930*** (-13.39)	0.5249 (0.84)
Pb			-0.0235* (-1.69)
Constant	0.6937*** (4.03)	0.9462 (1.58)	3.7294* (1.77)
Year	Yes	Yes	Yes
Industry	Yes	Yes	Yes
N	96	96	96
Adj. R²	0.448	0.780	0.180

注：***，**，*分别表示在1%，5%，10%水平上显著。括号内的数字为双尾检验的 t 值。

7.5　稳健性检验

为了进一步验证本章得出的结论，本章进行了以下稳健性检验：

（1）借鉴连燕玲等（2014）的方法，采用世界银行对中国 120 个城市投资环境的评价 TFP（全要素生产率）的增长率（ΔTFP）作为制度环境的替代变量，TFP 增长率越低，表明制度环境越好，重复上文的回归操作，以验证文中的假设 7.1 和假设 7.2。

表 7 - 6 报告了制度环境（世界银行）、国有控股比例与地方国有控股上市公司定向增发资产注入的比例关系的稳健性检验结果。从表 7 - 6 可以看出，制度环境与地方国有控股上市公司的第一大股东持股比例的交乘项（$\Delta TFP \times Top1$）的回归系数为 0.4133，在 10% 水平上显著为正，表明当地方国有控股上市公司所处的制度环境越差，地方国有控股上市公司的国有控股比例越大时，地方国有控股上市公司定向增发资产注入的比例也越大。实证结果验证了文中的假设 7.1，表明本章的结论是稳健的。

表 7 - 6　　制度环境（世界银行）、国有控股比例与地方国有控股上市
公司定向增发资产注入的比例关系的稳健性检验

变量	(1) I_t
ΔTFP	- 26. 4664 *** （ - 2. 71）
$Top1$	- 0. 1181 （ - 1. 12）

续表

变量	(1) I_t
$\Delta TFP \times Top1$	0.4133 * (1.90)
CROE	2.6024 *** (2.49)
Size	-3.5150 *** (-6.33)
Debtratio	20.4132 *** (9.57)
Growth	0.8876 (0.30)
Pb	-0.1568 (-1.45)
Constant	99.6330 *** (6.98)
Year	Yes
Industry	Yes
N	192
Adj. R²	0.614

注：***，**，*分别表示在1%，5%，10%水平上显著。括号内的数字为双尾检验的 t 值。

　　表7-7报告了制度环境与盈利型的地方国有控股上市公司在定向增发资产注入后的经营业绩及公司价值变化关系的稳健性检验结果。从表7-7中回归（1）中可以看出，ΔTFP 的回归系数为 0.0957，在 10% 的水平上显著为正，表明当地方国有控股上市公司所处的制度环境越差时，盈利型的地方国有控股上市公司在定向增发资产注入后的经营业绩下降越快，验证了本章的

假设7.2；从表7-7中回归（4）可以看出，制度环境与盈利性高低的变量的交乘项（$\Delta TFP \times Gain$）的回归系数为2.1008，在5%的水平上显著为正，表明当地方国有控股上市公司所处的制度环境越差，地方国有控股上市公司盈利性越好时，其公司价值下降越快，验证了文中的假设7.2。因此，从上述结果可得出本章的结论是稳健的。

表7-7　制度环境（世界银行）与盈利型地方国有控股上市公司定向增发
资产注入后的经营业绩及公司价值关系的稳健性检验

变量	（1） ΔROE	（2） $\Delta BHAR$	（3） ΔROE	（4） $\Delta BHAR$
ΔTFP	0.0957 * (1.90)	0.2762 (0.53)	0.0321 (0.36)	-0.6448 (-1.01)
$Gain$			0.0496 (0.85)	-0.9638 ** (-2.16)
$\Delta TFP \times Gain$			0.0907 (0.76)	2.1008 ** (2.34)
$CROE$	0.3174 ** (2.28)	-0.3620 (-0.35)	-0.7077 *** (-5.41)	-1.2851 (-1.11)
$Fraction$	0.0006 (0.06)	0.0159 (0.16)	0.0011 (0.08)	-0.0009 (-0.01)
FCF	-0.0082 (-1.32)	-0.0074 (-0.12)	0.0020 (0.23)	0.0383 (0.59)
$Gqzh10$	-0.0251 (-1.11)	0.5732 ** (2.44)	-0.0360 (-1.16)	0.5117 ** (2.23)
$Size$	0.0013 (0.17)	0.0145 (0.17)	0.0103 (0.98)	0.0201 (0.24)

续表

变量	（1） ΔROE	（2） ΔBHAR	（3） ΔROE	（4） ΔBHAR
Debtratio	0.0336 (1.21)	0.0304 (0.10)	0.0127 (0.33)	0.0635 (0.20)
Growth	0.2905*** (5.16)	0.9037** (2.18)	0.6539*** (13.09)	1.1451*** (2.74)
Pb		0.0623** (2.26)		0.0685** (2.53)
Constant	−0.2585 (−1.32)	−1.0583 (−0.50)	−0.4345 (−1.57)	−0.9007 (−0.42)
Year	Yes	Yes	Yes	Yes
Industry	Yes	Yes	Yes	Yes
N	96	96	96	96
Adj. R^2	0.745	0.474	0.748	0.501

注：***，**，*分别表示在1%，5%，10%水平上显著。括号内的数字为双尾检验的 t 值。

（2）对上市公司定向增发资产注入的金额取对数（Inject）来替代上文中定向增发资产注入的比例，结果如表7－8所示，以验证文中的假设7.1。

表7－8　　　　制度环境、国有控股比例与地方国有控股上市公司
定向增发资产注入金额关系的稳健性检验

变量	（1） Inject
Ins	0.0876 (1.40)
Top1	0.0251*** (2.62)

续表

变量	(1) Inject
Ins × Top1	− 0. 0020 * (− 1. 93)
CROE	0. 0225 (0. 19)
Size	0. 3520 *** (5. 62)
Debtratio	0. 5788 ** (2. 36)
Growth	− 0. 0952 (− 0. 28)
Pb	0. 0116 (0. 94)
Constant	12. 4899 *** (7. 68)
Year	Yes
Industry	Yes
N	192
Adj. R^2	0. 244

注：***，**，*分别表示在1%，5%，10%水平上显著。括号内的数字为双尾检验的 t 值。

表7－8报告了制度环境、国有控股比例与地方国有控股上市公司定向增发资产注入金额关系的稳健性检验结果。回归（1）中，制度环境变量与国有控股比例的交乘项（Ins × Top1）的回归系数为 − 0. 0020，且在10%水平上显著为负，表明当地方国有控股上市公司所处的制度环境越差，地方国有控股上市公司的国有控股比例越大时，地方国有控股上市公司定向增发资产注入

金额也越大。实证结果验证了文中的假设7.1，表明本章的结论是可靠的。

（3）用经过行业调整的总资产收益率（RROA）为上市公司定向增发前后经营业绩的替代变量，用公司的每股收益（EPS）作为上市公司定向增发前后公司价值的替代变量，以验证文中的假设7.2。

表7-9报告了制度环境与盈利型的地方国有控股上市公司在定向增发资产注入后的经营业绩及公司价值关系的稳健性检验结果。从表7-9中回归（1）可以看出，Ins的回归系数为-0.0150，在10%水平上显著为负，表明当地方国有控股上市公司所处的制度环境越差时，盈利型的地方国有控股上市公司在定向增发资产注入后的经营业绩下降越快，验证了本章的假设7.2。从表7-9中回归（1）和（2）可以看出，制度环境与盈利性高低的变量的交乘项（Ins × Gain）的回归系数分别为-0.0324和-0.1185，两者均小于0，且分别在5%和10%的水平上显著，表明当地方国有控股上市公司所处的制度环境越差，地方国有控股上市公司盈利性越好时，其经营业绩和公司价值下降越快，验证了文中的假设7.2。因此，上述结果证明本章的结论是稳健的。

表7-9　　　制度环境与盈利型地方国有控股上市公司定向增发资产

注入后的经营业绩及公司价值关系的稳健性检验

变量	(1) $\Delta RROA$	(2) ΔEPS
Ins	-0.0150* (-1.67)	-0.0378 (-0.82)
Gain	0.2419** (2.10)	0.6446 (1.06)
Ins × Gain	-0.0324** (-2.46)	-0.1185* (-1.70)

续表

变量	(1) $\Delta RROA$	(2) ΔEPS
CROE	-0.0228 (-0.18)	0.7377 (1.07)
Fraction	0.0039 (0.30)	0.0173 (0.25)
FCF	-0.0154* (-1.73)	-0.0257 (-0.56)
Gqzh10	-0.0138 (-0.45)	-0.1483 (-0.92)
Size	0.0026 (0.24)	0.1379** (2.33)
Debtratio	-0.2036*** (-5.24)	-0.4740** (-2.20)
Growth	0.1195** (2.36)	0.1220 (0.46)
Pb		-0.0284 (-1.48)
Constant	0.1391 (0.46)	-4.0602** (-2.47)
Year	Yes	Yes
Industry	Yes	Yes
N	96	96
Adj. R^2	0.485	0.341

注：***，**，*分别表示在1%，5%，10%水平上显著。括号内的数字为双尾检验的 t 值。

（4）以样本公司定向增发资产注入前 2 年的算术平均净资产收益率

（ROE）为依据，对 ROE 进行由高到低排序，以排在前 30% 的上市公司作为盈利型公司样本，排在后 30% 的上市公司作为亏损型公司样本，其他条件保持不变。重复上述回归步骤，结果如表 7 - 10 所示。

表 7 - 10　　　　　　　　　　对假设 7.3 的稳健性检验

变量	(1) ΔROA	(2) ΔBHAR	(3) ΔROA	(4) ΔBHAR
Ins	-0.0029 (-0.65)	-0.1564** (-2.42)	0.0050 (0.89)	-0.0150 (-0.17)
Gain			0.1450** (2.33)	2.0786** (2.13)
Ins × Gain			-0.0130* (-1.72)	-0.2758** (-2.33)
CROE	-0.0377 (-0.61)	0.5355 (0.58)	-0.1155* (-1.94)	-0.0753 (-0.08)
Fraction	-0.0034 (-0.43)	0.0216 (0.18)	-0.0010 (-0.14)	-0.0355 (-0.31)
FCF	0.0080 (1.22)	0.0326 (0.34)	0.0070 (1.13)	0.1098 (1.14)
Gqzh10	-0.0046 (-0.21)	0.5425 (1.60)	0.0106 (0.53)	0.6768** (2.04)
Size	0.0010 (0.15)	0.0707 (0.68)	0.0021 (0.35)	0.0470 (0.48)
Debtratio	-0.2295*** (-12.68)	0.1393 (0.48)	-0.2249*** (-13.87)	0.3243 (1.14)
Growth	0.1202*** (5.50)	1.3121*** (4.05)	0.1144*** (5.89)	1.4028*** (4.55)

变量	(1) ΔROA	(2) ΔBHAR	(3) ΔROA	(4) ΔBHAR
Pb		0.0863 *** (3.15)		0.0956 *** (3.57)
Constant	0.0091 (0.06)	− 2.1923 (− 0.92)	− 0.0740 (− 0.54)	− 2.6241 (− 1.16)
Year	Yes	Yes	Yes	Yes
Industry	Yes	Yes	Yes	Yes
N	58	58	58	58
Adj. R²	0.903	0.658	0.926	0.697

注：***，**，* 分别表示在1%，5%，10%水平上显著。括号内的数字为双尾检验的 t 值。

表7－10报告了对文中假设7.3的稳健性检验结果。回归（2）中 Ins 的回归系数显著为负，回归（3）和（4）中 Ins × Gain 的回归系数显著为负，验证了本章的假设7.3，证明本章的结论是稳健的。

7.6　研究结论

本章以2006～2014年沪、深两市实施了定向增发资产注入的地方国有控股上市公司为研究样本，实证研究了制度环境对地方国有控股上市公司定向增发资产注入利益输送的影响，研究结果发现：（1）当地方国有控股上市公司所处的制度环境越差，地方国有控股上市公司的国有控股比例越大时，则其对公司定向增发资产注入干预的能力越强，使得地方国有控股上市公司定向增发资产注入的比例会越大；（2）作为控股股东的地方政府在资产注入这一关联交易中有可能"支持"或"掏空"上市公司：当上市公司属于盈利型公司时，地方政府通过向国有控股上市公司注入劣质非上市资产来"掏空"上市公司，并且当地区制度环境越差时，导致盈利的国有控股上市公司在定向增发资产注入之后公司经营业绩和公司价值下降，并且盈利性公司的盈利能力越强时，公司经营业绩和公司价值下降也越快；而当上市公司属于亏损型公司时，为了避免上市公司进一步亏损导致戴上"ST"的帽子甚至退市，地方政府可能通过向亏损型上市公司注入优质资产"支持"上市公司，并且当地区制度环境越差时，导致亏损的国有控股上市公司在定向增发资产注入之后公司经营业绩和公司价值上升越快。

第 8 章

结论和政策建议

8.1 研究结论和揭示的问题

8.1.1 研究结论

本书对我国地方政府干预地方国有控股上市公司定向增发资产注入的动机及经济后果进行了研究,发现地方政府出于政治目标的实现存在干预地方国有控股上市公司定向增发资产注入的动机。地方政府在地方国有控股上市公司定向增发资产注入时可能"支持"上市公司,也可能"掏空"上市公司,无论是"支持"还是"掏空"最终的结果都是向地方政府输送利益。本书采用2006～2014年沪、深两市已经发生了定向增发资产注入的地方国有控股上市公司的样本数据对理论分析的结论进行了实证检验,实证研究的结论支持了理论分析的结论。具体而言,通过对地方政府干预地方国有控股上市公司定向增发资产注入的动机及经济后果的研究得出了如下结论：

（1）通过构建基于地方政府干预下的地方国有控股上市公司定向增发资产注入的理论框架，分析了地方政府干预地方国有控股上市公司定向增发资产注入的动机。根据政府干预理论、制度环境理论和定向增发的理论分析，本书认为：

尽管政府干预企业经营活动是一个全球普遍存在的现象（法乔等，2006），但由于我国以国有经济为基础的社会主义经济制度，以及国有股股东"一股独大"的现实状况，在我国的国有控股上市公司中，政府干预现象表现得更为严重（樊纲等，2011）。出于政府的政治目标，加之政府作为实际控制人的控制权优势，地方政府有强烈的动机和能力干预地方国有控股上市公司的定向增发资产注入等并购行为。由于控股股东将未上市的资产注入上市公司的行为，本质上也是控股股东与上市公司之间的一次规模较大的关联交易，而且我国上市公司普遍存在股权集中度高的现象，公司的实际控制权牢牢掌握在控股股东手中，这也必然会导致控股股东利用其绝对控制权通过关联交易、并购、重组等方式"掏空"上市公司，侵害中小股东利益，以满足控股股东自身的私利目标。因此，上市公司定向增发新股收购控股股东资产这一行为很可能成为上市公司向控股股东进行利益输送的渠道。

我们分析了中央国有控股上市公司、地方国有控股上市公司和民营控股上市公司特点的基础上发现，与地方国有控股上市公司相比，国家的法律法规及各项产业政策对中央国有控股上市公司的实施力度以及新闻媒介、社会公众对中央国有控股上市公司的关注程度更高，而且中央政府的干预目标是实现全社会公共利益最大化，中央政府更注重并购对产业结构和央企效益的影响，而不是把政府自身利益放在首要位置，这些都使得中央国有控股上市公司的定向增发资产注入受到的政府干预会相对较少；而民营上市公司控股股东的作用范围和程度相对较小，面临更强的外部监管，并且相对于地方政府直接控制的地方国有控股上市公司，地方政府对民营控股上市公司定向增发资产注入等并购活动的干预成本更高（方军雄，2008），民营控股上市公司的各类并购重组活动多以市场化行为居多，受地方政府直接影响较弱（周昌仕和宋献中，2013；葛伟杰等，2014）。因此，与中央国有控股上市公司和民营控股上市公司相比，地方国有控股上市公司的定向增发资产注入更容易受到地方政府多样化目标的影响，从而地方国有控股上市公司定向增发资产注入的比例更高。

我们还进一步认为，控股股东对上市公司的控制强弱通常会直观体现在持股比例上，国有控股上市公司实际控制人的控股比例越高，地方政府对地方国有控股上市公司的控制程度也越大，其对地方国有控股上市公司的定向增发资产注入干预的能力也会越强，因此，地方国有控股上市公司的国有控股比例越大时，地方国有控股上市公司定向增发资产注入的比例也越大。

本书采用2006～2014年间沪、深两市已经发生了定向增发资产注入的地方国有控股上市公司的样本数据，对地方政府干预下的地方国有控股上市公司定向增发资产注入的动机强弱进行了实证检验，实证结果显示：地方国有控股上市公司（$Dfgy$）与定向增发资产注入的比例（I_t）的回归系数为1.7373，并且在5%的水平上显著为正；当仅以地方国有控股上市公司作为研究样本时，国有控股股东持股比例（$Top1$）的回归系数为0.1701，在1%的水平上显著为正，实证结果支持理论分析的结论，即相对于民营上市公司、中央控股上市公司，地方国有控股上市公司定向增发资产注入的比例更高；地方政府控股的国有控股上市公司的国有控股股东持股比例越大时，上市公司定向增发资产注入的比例越高。

（2）基于地方政府干预下的地方国有控股上市公司定向增发资产注入的理论框架，分析了地方政府干预下的地方国有控股上市公司定向增发资产注入的方式及其经济后果。

我国上市公司控股股东资产注入行为是控股股东与上市公司之间的一次关联交易,在这一关联交易中,作为控股股东的政府有可能"支持"上市公司,也可能"掏空"上市公司。第一,当地方国有控股上市公司盈利时,在地方政府的干预下,可能通过定向增发向地方国有控股上市公司注入劣质资产。地方政府为了促进当地经济的发展,将一些盈利不佳的非上市国有公司资产注入盈利较好的国有上市公司,使这些非上市公司经过重组之后摆脱经营困境,提高持续经营能力,从而实现政府的政治目标。这一结果导致盈利型的地方国有控股上市公司定向增发资产注入后,其经营业绩和公司价值下降。并且,当地方国有控股上市公司的盈利能力越强时,地方政府可能具有更强的动机向上市公司注入劣质的资产,以便更为快捷和有效地"盘活"非上市资产,更大程度地提高非上市国有公司的持续经营能力,从而更好地实现政府的政治目标,因此盈利性越好的地方国有控股上市公司在定向增发资产注入后,其经营业绩及公司价值下降越快,证明其定向增发资产注入的"掏空"现象更加严重。第二,当地方国有控股上市公司亏损时,在地方政府的干预下,可能通过定向增发向地方国有控股上市公司注入优质资产。上市公司在地方经济和社会发展中做出的重要贡献,使得地方政府有强烈的动机做优做强地方国有控股上市公司。地方政府为了避免亏损型的地方国有控股上市公司戴上"ST"的帽子,防止其财务状况无法有效改善之下导致的退市,地方政府具有强烈的动机支持亏损型的地方国有控股上市公司。而向亏损型的上市公司注入经营性优质资产,可以增强亏损型的上市公司的持续经营能力并在短期内改善亏损型上市公司的财务状况,从而使亏损型的上市公司避免被"ST"甚至是退市。因此,亏损型的地方国有控股上市公司在定向增发资产注入后,其经营业绩和公司价值上升,证明其定向增发资产注入具有"支持"效应。

本书采用 2006~2014 年沪、深两市已经发生了定向增发资产注入的地方国有控股上市公司的样本数据对"支持""掏空"的程度进行了实证检验，实证结果显示：单变量分析中的均值差异的 t 值和中位数差异的 Z 值均符合显著性水平要求；盈利型地方国有控股上市公司的虚拟变量（Gain）与 ΔROE、ΔROA 之间的回归系数分别为 0.0781 和 0.0257，分别在 1% 和 5% 水平上显著为正，Gain 与 $\Delta BHAR$ 之间的回归系数为 0.5194，在 5% 水平上显著为正，实证结果支持了理论分析的结论，即盈利型的地方国有控股上市公司定向增发资产注入后，其经营业绩和公司价值下降，其定向增发资产注入具有"掏空"效应，并且，盈利性越好的地方国有控股上市公司在定向增发资产注入后，其经营业绩及公司价值下降越快，表明其定向增发资产注入的"掏空"现象更加严重；亏损型的地方国有控股上市公司在定向增发资产注入后，其经营业绩和公司价值上升，表明其定向增发资产注入具有"支持"效应。

（3）将制度环境这一变量纳入地方政府干预下的地方国有控股上市公司定向增发资产注入的理论框架，分析了制度环境对地方政府干预下的地方国有控股上市公司定向增发资产注入动机及其经济后果的影响。

制度环境是影响政府干预地方国有控股上市公司资产注入中"支持""掏空"的结果的重要因素。第一，当地方国有控股上市公司所处的制度环境越差时，地方政府干预地方国有控股上市公司定向增发资产注入的动机越强。在市场化进程越慢的地区，其资源禀赋、投资环境、市场容量等经济性条件较差，地方政府面临的财政压力也较大，地方政府通过资产注入来解决政府"负担"动机越强，而较差的法律环境、市场化程度、产权保护机制又为政府通过资产注入进行利益输送提供了较为便利的制度环境。因此，当地方国有控股上市公司所处的制度环境越差时，地方政府的干预动机和能力就越大，此时地方国有控股上市公司的国有控股比例越大时，地方国有控股上市公司定向增发资产注入的比例也越大。第二，当地方国有控股上市公司所处的制度环境越差时，地方政府向盈利型地方国有控股上市公司定向增发注入劣质资产的动机越强，导致地方政府向盈利型地方国有控股上市公司定向增发注入劣质资产后公司经营业绩和公司价值下降越快。对于所处地区的制度环境较差的盈利型地方国有控股上市公司而言，由于当地的法律环境较差、市场化程度较低、产权保护机制不够完善，这为政府通过向上市公司注入劣质资产来转移政府的"负担"提供了较为便利的制度环境，这使得地方政府对上市公司资产注入干预的动机和能力越强，因此地方国有控股上市公司在定向增发资产注入之后公司经营业绩和公司价值下降，并且地方国有控股上市公司的盈利性越好，地方国有控股上市公司承担注入劣质资产不至于亏损的能力越强，政府向其注入劣质资产的金额和数量也可以越大，即"掏空"的程度越大，此时，盈利型地方国有控股上市公司的经营业绩和公司价值下降也会越大。第三，当地方国有控股上市公司所处的制度环境越差时，地方政府向亏损型地方国有控股上市公司定向增发注入优质资产的动机越强，导致地方政府向亏损型地方国有控股上市公司定向增发注入劣质资产后公司经营业绩和公司价值增长越快。对于所处地区的制度环境较差的亏损型地方国有控股上市公司而言，地方政府有强烈的动机来帮助这些亏损型地方国有控股上市公司，以避免这些亏损型地方国有控股上市公司"退市"、使其恢复再融资功能，因此地方政府可能向地方国有控股上市公司注入优质资产或者相关的资产来支持亏损的地方国有控股上市公司，促进当地的经济发展和社会稳定，进而提高地方政府官员的政治业绩，这样地方政府就会以更大的力度来支持亏损型地方国有控股上市公司，并且当地的制度环境越差地方政府的市场经济意识和观念越弱，地方政府向亏损型地方国有控股上市公司注入优质资产或者相关的资产的力度会越大，此时亏损型地方国有控股上市公司定向增发资产注入后其经营业绩和公司价值会提升越快，即"支持"的程度越大。

本书采用 2006~2014 年沪、深两市已经发生了定向增发资产注入的地方国有控股上市公司的样本数据对制度环境对地方政府干预下的地方国有控股上市公司定向增发资产注入动机及其经济后果的影响进行了实证检验。实证结果显示：制度环境变量与国有控股比例的交乘项（$Ins \times Top1$）的回归系数为 -0.0414，且在 5% 水平上显著为负；制度环境变量（Ins）或者制度环境与盈利性公司虚拟变量（$Ins \times Gain$）与盈利型、亏损型国有控股上市公司定向增发资产注入后的经营业绩变化和公司价值变化的回归系数均符合预期要求，实证结果支持了理论分析的结论，即当地方国有控股上市公司所处的制度环境越差，地方国有控股上市公司的国有控股比例越大时，地方国有控股上市公司定向增发资产注入的比例也越大；当地区制度环境越差时，盈利型的地方国有控股上市公司定向增发资产注入后，其经营业绩及公司价值下降越快，并且，地方国有控股上市公司盈利性越好，定向增发资产注入后其经营业绩及公司价值下降越快；当地区制度环境越差时，亏损型的地方国有控股上市公司定向增发资产注入后，其经营业绩及公司价值上升越快。

8.1.2 本书研究揭示的问题

本书通过对我国地方政府干预地方国有控股上市公司定向增发资产注入的动机及经济后果的研究，可以揭示如下几个问题：

（1）尽管我国政府在不断推进计划经济向市场经济的转轨，不断减少政府对企业的干预，但在分税制改革之后地方政府出于其政治目的干预企业经济活动的动机仍然没有完全削弱，因此仍然存在地方政府干预地方国有控股上市公司定向增发资产注入的动机。

（2）尽管有关部门在不断促进上市公司完善公司治理结构，但由于地方国有控股上市公司的股权结构比较特殊，很难避免作为控股股东的地方政府出于政治目的干预地方国有控股上市公司定向增发资产注入。我们研究发现地方政府能够干预地方国有控股上市公司定向增发资产注入的原因在于地方国有控股上市公司存在国有股"一股独大",使其能够以大股东的身份直接干预地方国有控股上市公司定向增发资产注入。

（3）尽管有关证券监管部门在不断完善上市公司资产重组和定向增发新股的相关制度,但由于我国上市公司资产重组和定向增发的审批仍然具有较浓的行政色彩,即上市公司资产重组和定向增发仍然是采用行政审核制度,而非成熟市场的注册制,这很容易导致上市公司定向增发资产注入把关不严的情况出现。

（4）尽管在股票发行实施核准制后,强化了负责对我国上市公司定向增发资产注入监管和辅导的保荐人、注册会计师的责任,但本书的结论表明保荐人、注册会计师等中介机构在上市公司定向增发资产注入的监管作用仍然需要加强。

（5）尽管随着我国经济的增长,各地的法律环境都在不断改善,但由于我国不同地区之间地理位置、国家政策的执行等方面存在较大差异,导致各地区间的制度环境还存在一定差异,各地区制度环境的透明度和制度环境体系的运行效率还不够高,因此制度环境仍然对地方政府干预地方国有控股上市公司定向增发资产注入具有重要的影响。

8.2　政策建议

为了解决上述问题,本书提出如下政策建议:

（1）从我国资本市场和经济社会的健康发展方面考虑,政府应当减少干预,这就要进一步大力发展我国社会主义市场经济,通过转变地方政府的观念来理顺地方政府与企业的关系,减少地方政府直接对地方国有控股上市公司定向增发资产注入的干预。对于政府与市场的关系,应该明确当市场能够自主发挥作用、处理问题时，就应交由市场去调控和解决，而政府应当根据国家和地区经济发展所处的周期、面临的特殊情况、产生的特定问题等去适时放松或加紧干预的程度、调整干预的手段和方式，既不能完全放任不管，也不可干预"过头"，一定要能根据当前的市场状态和经济运行情况去合理调节干预、管制的力度，在市场自主作用与政府适度干预间寻找到最佳的平衡点。

在地方国有控股上市公司定向增发资产注入中，地方政府具有控股股东和行政管理的双重身份，地方政府出于发展地方经济、提升政绩的考虑，有能力也有动力推动资产注入的顺利进行。一方面，地方国有上市公司的优质资产注入不仅能集中所有优质资本，为公司带来更多竞争优势，还能进一步完善公司内部的组织结构，最终可以实现整个产业的发展壮大，推动地方经济和整个国家经济实力的提升。因此，地方政府将优质资产注入到地方国有上市公司是一条极具可操作性和效益性的路径。另一方面，资产注入促进了资产的流动性，使它们从经营效率低的企业流向经营效率高的企业，从而在资产存量有限的情况下，促使资产集中于利用效率较高的企业。政府通过适当干预地方上市公司的资产注入，引导社会经济资源不断向优势企业集中，有利于避免资源浪费，提高生产效率，推动产业整合升级，还能"以先进带动后进"，帮助本地区落后企业甩掉"包袱"，通过资产注入等获得一定的扶持。但是也不可否认的是，在地方政府干预中也存在政府"寻租"问题，在地方国有上市公司定向增发资产注入的过程中，创租、寻租行为主要表现在政府官员为了获取私人租金收益，满足部分利益集团的需要，并为自己的政治晋升寻找一些隐蔽"捷径"，这其中可能牺牲地方国有上市公司的利益，将一些劣质资产重新包装后混入上市公司。这些创租、寻租行为会产生负面后果，往往造成资产注入的长期市场反应和经营业绩远不如预期，严重浪费了社会经济资源。因此，必须明确政府和市场的有效作用边界，因为政府目标和市场目标并不一致，政府及官员过分强调自身目标的实现、追逐政治和社会管理层面的利益，可能与市场和企业的目标发生冲突，导致企业无所适从。而科学、合理地界定政府职能，将政府干预的方式、范围等以明确的制度界定下来，把市场与政府的作用边界划分清楚，对于市场调节和政府调控效率的提高都是大有裨益的。另一方面，应将市场化改革从广度和深度上推进，既要以明确的制度形式来规范政府和官员行为，又要充分考虑地方政府及官员的实际情况，有针对性地设计更加科学、灵活的政绩考核标准和机制，通过这些措施来逐步减少政府对企业的过度干预，使地方各级政府愿意放手让统一开放、有序竞争的市场去承担经济调节的最主要职能，变"政府主导企业"为"市场主导企业"，这样才能给予企业更加充分的资源配置，强化企业在市场经济中的话语权和主体地位，让其发展不再"缩手缩脚"，并使其拥有创造财富、服务社会主义市场经济的更大空间。

（2）要通过不断完善地方国有控股上市公司的治理结构、加快地方国有控股上市公司的混合所有制改革来降低地方国有控股上市公司的国有控股比例等措施来抑制地方政府对地方国有控股上市公司定向增发资产注入的直接干预。在我国，股权高度集中的现象非常普遍，地方国有企业尤为如此。可以说，造成地方国有企业饱受行政干预和"掏空"的根源，是地方政府对国有企业的超强控制。地方政府作为地方国有控股上市公司的控股股东，具有绝对控制权，这又衍生出控股股东与中小股东的代理问题，控股股东利用其对公司的控制权，制造控制权私有收益，而这些收益并不能为中小股东分享，从而使中小股东利益受损，这一点在法制不健全、投资者保护机制尚不完善的国家和地区（如西欧、中国大陆、东南亚国家和地区）表现得尤其明显。

而对于地方政府而言，其不仅仅希望获取控制权私有收益，更为重要的是，地方政府控股股东追求的是政府官员的政治目标。政府官员的政治目标主要有两类：一是解决地方政府的政策性负担。在中国从计划经济走向市场经济的过程中，政府权力配置经历了从集权到分权的过程，地方政府在此过程中获得了财政自主权、经济管理权等权力。同时，诸如就业、社会养老、社会稳定等社会目标也落到地方政府肩上。为了解决这些政策性负担，地方政府可能直接对辖区内一些亏损国有企业进行财政补贴，也可能利用当地盈利企业来收购亏损企业。二是地方政府官员的政治晋升目标。20世纪80年代以后，我国地方官员的选拔和提升标准由过去的纯政治指标变成了经济绩效指标，这些显性指标包括地方GDP增长、地方财政收入增长以及就业指标等。这种对政府官员政绩的评价机制导致了地方官员之间围绕GDP增长而进行的"晋升锦标赛"。为了提高当地GDP增长率，可能导致地方政府可能通过资产注入来迅速做大相关上市公司的动机，而将效率放在次要的位置。

在这种背景下，地方政府以地方国有控股上市公司控股股东的身份有通过资产注入来牟取私人利益的动机，其途径主要有：一是控股股东向上市公司注入劣质资产；二是通过资产评估来高估注入资产的价值；三是控股股东操纵注入资产的对价，从而换取更多股份数量。地方政府这种推动式的定向增发资产注入，更多地体现了地方政府的政策性目标以及个人私利，无论是基于"掠夺"动机还是"支持"动机，政府干预下定向增发资产注入都无助于公司绩效的持久改善，无助于竞争优势的获得。这必然导致地方国有控股上市公司的业绩下降，甚至影响上市公司的可持续经营，股东财富受损。因此，要从根本上解决政府干预给国有企业带来的种种问题，还必须加快推进国有企业的产权改革，在国有企业中积极推进股份制改造，对部分非垄断行业的国有企业可通过引入私人股权、培育高质量的机构投资者、选聘职业经理人等方式来逐步淡化原来过于强烈的国有色彩，发展国有资本和民间资本交叉持股、相互融合的混合所有制，让混合所有制成为倒逼国有企业健全现代化管理制度、加快自身健康成熟发育的有效机制，对国有大股东形成一定制约，改善"一股独大"的局面，从而使国有企业的经济行为更加规范有序。

为此，本书建议，应积极推进混合所有制公司的建设，并且为了使混合所有制公司建设能够顺利推进，国有股在混合所有制公司中的持股比例不应达到控股地位，这样民营资本才会放心进入混合所有制公司。否则，如果在混合所有制公司中仍然是国有控股，民营资本会担心其投入的资本被政府"掏空"而不愿意加入混合所有制公司。

（3）要通过加快我国各地区的市场化进程来降低各地区间的制度环境差异，使我国经济能够平衡、协调地向前发展，减少制度环境对地方国有控股上市公司定向增发资产注入的影响。受区位条件、历史变迁和国家政策等的影响，我国各省（区市）的经济发展、基础设施建设、人民生活水平乃至政府治理成熟度等方面都存在较大差异。总体而言，从东部沿海地区向西部内陆地区，地区的市场化程度呈现由高向低递减的趋势。在我国，市场化程度较高的地区尽管与世界上的发达国家和地区相比，仍有一定差距，但相对于市场化程度较低的地区，其市场经济、资金和人才的吸纳及利用能力、制度建设和执行、监管和惩处力度等已发展到一个较为成熟、完善的层次和水平，市场竞争更趋于良性化，各种信息能在市场上得到及时、有效的呈现和反馈，公司治理机制等也能更好地发挥作用。

与市场化程度呈现出近似于"此消彼长"的关系的则是政府干预程度，地区市场经济水平的不断完善和提高意味着市场在经济发展、资源配置等方面的决定性作用愈加显著，相应地，政府干预这一市场替代机制的作用范围和程度会有所缩减、弱化；反之，市场化程度越低的地区，政府对辖区内经济发展、企业活动等的干预程度就越高。

事实上，在地方政府干预地方国有控股上市公司定向增发资产注入中，当地方国有控股上市公司所在地区市场经济发展程度较高、市场化进程较快时，地方政府干预程度会相应下降，较高的法治水平也能对地方政府官员的行为起到更有效的制约，从而地方政府借助干预资产注入对公司的"掠夺"

效应会有所缓解。因此，需要进一步推动我国落后地区的市场化进程，而目前市场化进程的主要障碍是法制建设与政府改革，这二者是最根本的。这又再一次强调转变观念，正确确立政府与市场关系，让市场在资源配置中起决定性作用，地方政府要向服务型政府转变，地方政府应该更多地发挥服务作用，服务于市场发展，服务于企业需要，有关经济方面各项政策的制定与出台也应该根据市场的实际情况多方考虑，让市场调节在推动经济发展的过程中起关键作用，政府只需要在宏观上把控，防止市场失灵的现象出现。而要真正做到对政府行为的约束，处理好政府与市场的关系，就需要有制度监督与保障，即法律制度环境的完善。

（4）要不断完善我国上市公司定向增发资产注入的监管制度，加强对上市公司定向增发资产注入的监管，防止地方国有控股上市公司定向增发资产注入中向地方政府进行利益输送。

尽管中国证监会在不断完善上市公司资产重组、并购等法律文件，但还不能完全防止控股股东在我国上市公司定向增发资产注入中发生机会主义行为，因此，关于我国上市公司定向增发资产注入的相关制度还需要进一步完善。事实上，有力的证券监管不仅有助于降低控股股东利用资产注入对中小股东的利益侵占，还有可能规范控股股东的资产注入行为，对一些为了规避监管，故意将资产注入规模定在需要报请证监会批准的标准以下或已达到报批标准，但根本就没有报证监会审核的劣质资产注入行为予以充分打击。但毕竟证监部门力量有限，信息获取很多时候也并不充分及时，这就需要政府、投资者、市场等主体通力合作，通过制定更加灵活的资产注入分类监管标准，建立行之有效的激励和约束机制，要求上市公司增加资产注入，尤其是那些无需经过证监会审核批准就可实施的资产注入的信息披露透明度，多管齐下，加强对资产注入的有效监管。

另外，还需要加强针对控股股东行为监管的法律法规制度的建设，完善投资者的司法保护制度，建立一套完备的监督和惩罚机制以充分约束控股股东行为，增加其"掏空"的成本。同时还要对资本市场进行更为有效地监管，构建动态、多层次、各部门功能互补的高效率监管体系，使得控股股东一旦发生"掏空"国有上市公司、侵害中小股东权益的行为，即使程度不足以构成违法，也要承担高额的制度惩罚成本，即使是地方政府也不例外。通过建立、完善投资者保护法律和资本市场上的自律及他律制度，构建起一道坚实的"防火墙"，使国有企业控股股东借助政府干预力量来"掠夺"公司价值、向自身输送利益的行为无所遁形。

（5）要加强对上市公司定向增发资产注入中负有监督责任的保荐人、注册会计师等中介机构的监管，充分发挥保荐人、注册会计师等中介机构在地方国有控股上市公司定向增发资产注入中的监管作用，防止保荐人、注册会计师等中介机构成为地方政府通过上市公司定向增发资产注入进行利益输送的"保护伞"。

从监管市场来说，保荐机构、会计事务所、资产评估机构以及律师事务所等中介机构在定向增发资产注入中起到了越来越重要的作用。如果中介机构在执业中能真正做到保守恪尽职守、遵循职业操守，地方政府企图通过政府干预来"掏空"上市公司，"掠夺"中小股东利益也会变得更为困难。但由于我国体制性原因，市场中介机构均脱胎于原有政府管理的相关部门，其受政府控制、左右的情况较为严重，甚至其业务的开展与机构的发展，还依赖于地方政府的支持，这导致在地方国有控股上市公司定向增发资产注入中，中介机构难以摆脱地方政府的影响。因此，在地方国有控股上市公司定向增发资产注入的监管中，应从行政手段为主转变为以法律手段为主，使行政干预逐步弱化。监管市场要根据市场发展的规律，减少政府政策的不正当干预。监管方式市场化，提高投资者的监管意识和参与监管的机会，发挥中介机构的市场监管作用审查信息披露，借助行业专家的力量进行专业鉴定，加强社会舆论监督机制,尽量排除政府对市场的直接干预,不断提高监管的正规化程度和市场化水平。

8.3　研究不足和对未来的展望

8.3.1　研究不足

本书对我国地方政府干预地方国有控股上市公司定向增发资产注入的动机及经济后果进行了较为深入和全面的研究,但仍然存在一些不足之处,主要包括以下方面:

(1)考虑到满足研究目的的定向增发资产注入的研究样本数量有限,本书以样本公司定向增发资产注入前2年的算术平均净资产收益率的高低为依据划分成了盈利型样本公司和亏损型样本公司,这在一定程度上可能影响研究结论的准确性和可靠性。

(2)本书只研究了地方国有控股上市公司定向增发资产注入后的短期经营业绩和公司价值,并未研究其长期经营业绩和公司价值,这可在未来做进一步的研究。

(3)本书仅研究了地方国有控股上市公司定向增发资产注入后的经济后果,并未研究中央控股上市公司和民营上市公司定向增发资产注入后的经济后果以及地方国有控股上市公司、中央控股上市公司和民营上市公司三者在定向增发资产注入后的经济后果的对比,这也可在以后进行深入研究。

8.3.2　对未来的展望

近几年，国内学者对我国证券市场中的保荐人、审计师等中介机构的研究较多，那么，他们在我国定向增发资产注入中能否发挥重要的监督作用来防止大股东利益输送的现象发生呢？这也许可以成为未来上市公司定向增发资产注入领域新的研究方向。

参 考 文 献

[1]（美）丹尼尔·F. 史普博著，余晖等译. 管制与市场 [M]. 上海：上海人民出版社，三联书店上海分店，1999.

[2] Frydman R.，Gray C.，Hessel M.. 约束的界限——转轨经济学中的所有权和硬预算约束 [J]. 经济社会体制比较，2002（6）：42 – 51.

[3] 艾健明，柯大钢. 国有股比例对公司多元化及其绩效的影响 [J]. 统计与决策，2007（20）：95 – 97.

[4] 安福仁. 产权制度与国有企业产权界定 [J]. 财经问题研究，2000（5）：13 – 17.

[5] 安福仁. 论中国市场经济的运行机制 [J]. 财经问题研究，2000（11）：9 – 17.

[6] 白俊，连立帅. 国企过度投资溯因：政府干预抑或管理层自利？[J]. 会计研究，2014（2）：41 – 48 + 95.

[7] 白云霞，吴联生，徐信忠. 资产收购与控制权转移对经营业绩的影响 [J]. 经济研究，2004（12）：35 – 44.

[8] 白重恩，刘俏，陆洲，宋敏，张俊喜. 中国上市公司治理结构的实证研究 [J]. 经济研究，2005（2）：81 – 91.

[9] 卜庆军，古赞歌，孙春晓. 基于企业核心竞争力的产业链整合模式研究 [J]. 企业经济，2006（2）：59 – 61.

[10] 蔡洁. 基于制度差异视角的贸易摩擦分析 [J]. 经济经纬，2007

(3)：45 – 48.

[11] 蔡宁. 风险投资"逐名"动机与上市公司盈余管理 [J]. 会计研究，2015 (5)：20 – 27 + 94.

[12] 曾颖. 资产注入：支付手段与市场反应 [J]. 证券市场导报，2007 (10)：29 – 33.

[13] 陈抗，Arye L. Hillman，顾清扬. 财政集权与地方政府行为变化——从援助之手到攫取之手 [J]. 经济学 (季刊)，2002 (4)：111 – 130.

[14] 陈凌云，潘端莲，纪德兰. 市场化进程、政府干预与企业对外担保 [J]. 北京工商大学学报 (社会科学版)，2011，26 (3)：39 – 45.

[15] 陈倩倩，尹义华. 民营企业、制度环境与社会资本——来自上市家族企业的经验证据 [J]. 财经研究，2014，40 (11)：71 – 81.

[16] 陈少华，李盈璇. 地方政府干预下的并购效率——云投集团入主绿大地的案例分析 [J]. 生产力研究，2013 (10)：140 – 143.

[17] 陈小悦，肖星，过晓艳. 配股权与上市公司利润操纵 [J]. 经济研究，2000 (1)：30 – 36.

[18] 陈晓，王琨. 关联交易、公司治理与国有股改革——来自我国资本市场的实证证据 [J]. 经济研究，2005 (4)：77 – 86 + 128.

[19] 陈信元，陈冬华，时旭. 公司治理与现金股利：基于佛山照明的案例研究 [J]. 管理世界，2003 (8)：118 – 126 + 151 – 154.

[20] 陈信元，黄俊. 政府干预、多元化经营与公司业绩 [J]. 管理世界，2007 (1)：92 – 97.

[21] 陈信元，叶鹏飞，陈冬华. 机会主义资产重组与刚性管制 [J]. 经济研究，2003 (5)：13 – 22 + 91.

[22] 陈艳利，赵红云，戴静静. 政府干预、产权性质与企业脱困 [J]. 经济学动态，2015 (7)：80 – 90.

[23] 陈运森, 朱松. 政治关系、制度环境与上市公司资本投资 [J]. 财经研究, 2009, 35 (12): 27 - 39.

[24] 程承坪. 国有企业目标定位再解构: 利益导向抑或本位回归 [J]. 改革, 2013 (12): 130 - 135.

[25] 程仲鸣, 夏新平, 余明桂. 政府干预、金字塔结构与地方国有上市公司投资 [J]. 管理世界, 2008 (9): 37 - 47.

[26] 邓建平, 曾勇. 政治关联能改善民营企业的经营绩效吗 [J]. 中国工业经济, 2009 (2): 98 - 108.

[27] 邓路, 黄欣然. 集团大股东资产注入对上市公司价值的影响——基于中国船舶的案例分析 [J]. 财务与会计, 2009 (11): 32 - 34.

[28] 杜勇. 资产注入、大股东支持行为与公司绩效 [J]. 北京工商大学学报 (社会科学版), 2013, 28 (3): 73 - 80.

[29] 樊纲, 王小鲁, 朱恒鹏著. 中国市场化指数: 各地区市场化相对进程 2011 年报告 [M]. 北京: 经济科学出版社, 2011.

[30] 范黎波, 马聪聪, 马晓婕. 多元化、政府补贴与农业企业绩效——基于 A 股农业上市企业的实证研究 [J]. 农业经济问题, 2012, 33 (11): 83 - 90 + 112.

[31] 范银华. 我国上市公司资产注入重组绩效的实证分析 [J]. 财经界 (学术版), 2009 (4): 3 - 4.

[32] 方军雄. 政府干预、所有权性质与企业并购 [J]. 管理世界, 2008 (9): 118 - 123.

[33] 冯涛, 王永明, 宋艳伟. 地方社会稳定、地方政府干预与信贷资源配置 [J]. 西安交通大学学报 (社会科学版), 2010, 30 (6): 19 - 24.

[34] 高燕燕, 黄国良, 张亮亮. 政府干预与多元化并购特征、绩效——来自中央和地方国有上市公司的经验证据 [J]. 华东经济管理, 2016, 30

（6）：96 - 103.

[35] 葛伟杰，张秋生，张自巧. 剩余资源、政府干预与企业并购 [J]. 北京交通大学学报（社会科学版），2014，13（2）：42 - 48.

[36] 顾建平，朱克朋. 补偿、政府目标与民营化障碍——对我国国有企业民营化改革障碍的思考 [J]. 财经研究，2006，32（4）：126 - 135.

[37] 韩雪. 政府干预、产权性质与现金股利决策——基于地方财政压力与金字塔层级的检验 [J]. 山西财经大学学报，2016，38（4）：87 - 100.

[38] 郝颖. 基于委托代理理论的企业投资研究综述 [J]. 管理学报，2010，7（12）：1863 - 1872.

[39] 何浚. 上市公司治理结构的实证分析 [J]. 经济研究，1998（5）：51 - 58.

[40] 黄建欢，尹筑嘉. 非公开发行、资产注入和股东利益均衡：理论与实证 [J]. 证券市场导报，2008（5）：26 - 32.

[41] 黄建中. 上市公司非公开发行的定价基准日问题探讨 [J]. 证券市场导报，2007（3）：35 - 41.

[42] 黄俊，张天舒. 制度环境、企业集团与经济增长 [J]. 金融研究，2010（6）：91 - 102.

[43] 黄清. 国有企业整体上市研究——国有企业分拆上市和整体上市模式的案例分析 [J]. 管理世界，2004（2）：126 - 130.

[44] 黄新建，张宗益. 中国上市公司配股中的盈余管理实证研究 [J]. 商业研究，2004（16）：4 - 7.

[45] 黄兴孪，沈维涛. 政府干预、内部人控制与上市公司并购绩效 [J]. 经济管理，2009，31（6）：70 - 76.

[46] 季华，柳建华. 再融资动机、资产注入与盈余质量 [J]. 安徽大学学报（哲学社会科学版），2013，37（4）：141 - 148.

[47] 季华，魏明海，柳建华. 资产注入、证券市场监管与绩效 [J]. 会计研究，2010 (2)：47 - 56.

[48] 贾钢，李婉丽. 控股股东整体上市与定向增发的短期财富效应 [J]. 山西财经大学学报，2009，31 (3)：70 - 76.

[49] 蒋义宏，魏刚. 净资产收益率与配股条件 [A]. 证券市场会计问题实证研究 [M]. 上海：上海财经大学出版社，1998.

[50] 李彬，苏坤. 实际控制人性质、政府干预与公司负债 [J]. 经济经纬，2013 (4)：114 - 118.

[51] 李丹凤. 价值链视角下产业链整合实例分析 [J]. 商业时代，2011 (30)：116 - 117.

[52] 李姣姣，干胜道. 定向增发资产注入、资产评估与利益输送——来自中国证券市场的经验数据 [J]. 海南大学学报 (人文社会科学版)，2015，33 (5)：38 - 45.

[53] 李康，杨兴君，杨雄. 配股和增发的相关者利益分析和政策研究 [J]. 经济研究，2003 (3)：79 - 87 + 92.

[54] 李路路. 私营企业主的个人背景与企业"成功" [J]. 中国社会科学，1997 (2)：133 - 145.

[55] 李善民，陈玉罡. 上市公司兼并与收购的财富效应 [J]. 经济研究，2002 (11)：27 - 35 + 93.

[56] 李文贵，余明桂. 所有权性质、市场化进程与企业风险承担 [J]. 中国工业经济，2012 (12)：115 - 127.

[57] 李增泉，孙铮，王志伟. "掏空"与所有权安排——来自我国上市公司大股东资金占用的经验证据 [J]. 会计研究，2004 (12)：3 - 13.

[58] 李增泉，余谦，王晓坤. 掏空、支持与并购重组——来自我国上市公司的经验证据 [J]. 经济研究，2005 (1)：95 - 105.

[59] 李志文，宋衍蘅. 股权结构会影响筹资决策吗？——来自中国赛格系公司的案例 [J]. 管理世界，2003（6）：128-138+146.

[60] 李志文，宋衍蘅. 影响中国上市公司配股决策的因素分析 [J]. 经济科学，2003（3）：59-69.

[61] 林舒，魏明海. 中国 A 股发行公司首次公开募股过程中的盈利管理 [J]. 中国会计与财务研究，2000（2）：87-130.

[62] 林毅夫，李志赟. 政策性负担、道德风险与预算软约束 [J]. 经济研究，2004（2）：17-27.

[63] 刘峰，贺建刚，魏明海. 控制权、业绩与利益输送——基于五粮液的案例研究 [J]. 管理世界，2004（8）：102-110+118.

[64] 刘峰，贺建刚. 股权结构与大股东利益实现方式的选择——中国资本市场利益输送的初步研究 [J]. 中国会计评论，2004（1）：141-158.

[65] 刘建勇，朱学义，李鑫. 达标需求与大股东资产注入 [J]. 财务与会计（理财版），2011（4）：27-29.

[66] 刘建勇，朱学义，李鑫. 定向增发、资产注入与产业整合 [J]. 财务与会计（理财版），2010（11）：31-33.

[67] 刘建勇，朱学义，吴江龙. 大股东资产注入：制度背景与动因分析 [J]. 经济与管理研究，2011（2）：5-11.

[68] 刘建勇. 大股东资产注入与上市公司长期业绩下滑 [J]. 财经论丛，2014（11）：57-65.

[69] 刘磊，刘益，黄燕. 国有股比例、经营者选择及冗员间关系的经验证据与国有企业的治理失效 [J]. 管理世界，2004（6）：97-105+112.

[70] 刘培林. 地方保护和市场分割的损失 [J]. 中国工业经济，2005（4）：69-76.

[71] 刘俏，陆洲. 公司资源的"隧道效应"——来自中国上市公司的证

据 [J]. 经济学（季刊），2004（1）：437 - 456.

[72] 刘星，吴雪姣. 政府干预、行业特征与并购价值创造——来自国有上市公司的经验证据 [J]. 审计与经济研究，2011，26（6）：95 - 103.

[73] 陆宇建. 上市公司基于配股权的盈余管理行为实证分析 [J]. 南京社会科学，2002（3）：26 - 32.

[74] 陆正飞，魏涛. 配股后业绩下降：盈余管理后果与真实业绩滑坡 [J]. 会计研究，2006（8）：52 - 59 + 97.

[75] 罗忠洲，屈小粲，张蓓. 上市公司整体上市的模式、问题及对策再思考 [J]. 证券市场导报，2010（9）：20 - 26.

[76] 马连福，曹春方. 制度环境、地方政府干预、公司治理与 IPO 募集资金投向变更 [J]. 管理世界，2011（5）：127 - 139 + 148 + 188.

[77] 马亮. 官员晋升激励与政府绩效目标设置——中国省级面板数据的实证研究 [J]. 公共管理学报，2013，10（2）：28 - 39 + 138.

[78] 倪慧萍，王跃堂. 大股东持股比例、股权制衡与审计师选择 [J]. 南京社会科学，2012（7）：30 - 36.

[79] 潘红波，夏新平，余明桂. 政府干预、政治关联与地方国有企业并购 [J]. 经济研究，2008（4）：41 - 52.

[80] 潘镇，殷华方，鲁明泓. 制度距离对于外资企业绩效的影响——一项基于生存分析的实证研究 [J]. 管理世界，2008（7）：103 - 115.

[81] 乔坤元. 我国官员晋升锦标赛机制：理论与证据 [J]. 经济科学，2013（1）：88 - 98.

[82] 乔坤元. 我国官员晋升锦标赛机制的再考察——来自省、市两级政府的证据 [J]. 财经研究，2013，39（4）：123 - 133.

[83] 芮明杰，刘明宇，任江波. 论产业链整合 [M]. 上海：复旦大学出版社，2008.

[84] 芮明杰，刘明宇. 产业链整合理论述评 [J]. 产业经济研究，2006 (3)：60-66.

[85] 邵昶，李健. 产业链"波粒二象性"研究——论产业链的特性、结构及其整合 [J]. 中国工业经济，2007 (9)：5-13.

[86] 沈红波，曹军，高新梓. 银行业竞争、债权人监督与盈余稳健性 [J]. 财贸经济，2011 (9)：47-54.

[87] 宋常，严宏深. 通过上市公司资本平台实现场外资产证券化效应探析 [J]. 经济与管理研究，2008 (3)：25-29.

[88] 宋献中，周昌仕. 股权结构、大股东变更与收购公司竞争优势——来自中国上市公司的经验证据 [J]. 财经科学，2007 (5)：32-40.

[89] 宋艳伟. 法治水平、地方政府干预行为与金融发展 [J]. 上海金融，2008 (7)：25-30.

[90] 苏坤. 政府控制、制度环境与信贷资源配置 [J]. 公共管理学报，2012，9 (2)：24-32+123.

[91] 孙容，张璇. 控制性大股东资产注入对上市公司价值影响的事件研究 [J]. 经济与管理研究，2011 (11)：17-23.

[92] 孙铮，刘凤委，李增泉. 市场化程度、政府干预与企业债务期限结构——来自我国上市公司的经验证据 [J]. 经济研究，2005 (5)：52-63.

[93] 孙铮，王跃堂. 资源配置与盈余操纵之实证研究 [J]. 财经研究，1999 (4)：3-9+64.

[94] 孙自愿，胡中原，王诗月. 政府规制、内部人控制与煤炭资源整合产权配置契约 [J]. 经济评论，2013 (2)：14-18+84.

[95] 孙自愿，梁庆平，卫慧芳. 政府干预、公司特征与并购扩张价值创造——基于资源基础理论视角 [J]. 北京工商大学学报（社会科学版），2013，28 (6)：57-65.

[96] 覃家琦, 邵新建. 交叉上市、政府干预与资本配置效率 [J]. 经济研究, 2015, 50 (6): 117 - 130.

[97] 唐清泉, 罗党论. 现金股利与控股股东的利益输送行为研究——来自中国上市公司的经验证据 [J]. 财贸研究, 2006 (1): 92 - 97.

[98] 唐雪松, 周晓苏, 马如静. 政府干预、GDP 增长与地方国企过度投资 [J]. 金融研究, 2010 (8): 33 - 48.

[99] 唐宗明, 潘晨翔, 姜克萍. 后股权分置时期大股东资产注入影响因素实证分析 [J]. 系统管理学报, 2010 (5): 514 - 519.

[100] 唐宗明, 潘晨翔, 刘海龙, 姜克萍. 后股权分置时期大股东资产注入行为 [J]. 上海交通大学学报, 2010 (12): 1641 - 1646.

[101] 王凤荣, 高飞. 政府干预、企业生命周期与并购绩效——基于我国地方国有上市公司的经验数据 [J]. 金融研究, 2012 (12): 137 - 150.

[102] 王凤荣, 任萌, 张富森. 政府干预、治理环境与公司控制权市场的有效性——基于地方国有上市公司并购的经验证据 [J]. 山东大学学报 (哲学社会科学版), 2011 (2): 77 - 85.

[103] 王晋军. 中国政府责任与实现途径 [J]. 理论月刊, 2008 (7): 65 - 67.

[104] 王珏, 骆力前, 郭琦. 地方政府干预是否损害信贷配置效率? [J]. 金融研究, 2015 (4): 99 - 114.

[105] 王俊秋. 大股东控制与资金占用的实证研究 [J]. 工业技术经济, 2006 (6): 142 - 145 + 149.

[106] 王俊秋. 股权结构、隧道挖掘与公司价值的实证研究 [J]. 财会通讯 (学术版), 2006 (8): 28 - 31.

[107] 王乔, 章卫东. 股权结构、股权再融资行为与绩效 [J]. 会计研究, 2005 (9): 51 - 56.

[108] 王庆文,吴世农.政治关系对公司业绩的影响——基于中国上市公司政治影响力指数的研究 [C].中国实证会计国际研讨会,2008.

[109] 王霞,夏梦楚.政府干预、企业并购与区域经济社会发展 [J].系统管理学报,2016,25 (2):227 - 234.

[110] 王晓晔.我国反垄断立法的框架 [J].法学研究,1996 (4):3 - 21.

[111] 王志彬,周子剑.定向增发新股整体上市与上市公司短期股票价格的实证研究——来自中国证券市场集团公司整体上市数据的经验证明 [J].管理世界,2008 (12):182 - 183.

[112] 魏后凯.大都市区新型产业分工与冲突管理——基于产业链分工的视角 [J].中国工业经济,2007 (2):28 - 34.

[113] 魏明海.盈余管理基本理论及其研究述评 [J].会计研究,2000 (9):37 - 42.

[114] 吴传毅.社会契约·法律契约·政府责任 [J].行政与法 (吉林省行政学院学报),2004 (11):23 - 25.

[115] 吴江,阮彤.股权分置结构与中国上市公司融资行为 [J].金融研究,2004 (6):56 - 67.

[116] 吴金明,邵昶.产业链形成机制研究——"4 + 4 + 4"模型 [J].中国工业经济,2006 (4):36 - 43.

[117] 吴敬琏."一股独大"仍是公司治理的主要问题 [J].中国经济快讯,2002 (19):17.

[118] 吴敬琏.经济学家、经济学与中国改革 [J].经济研究,2004 (2):8 - 16.

[119] 吴文锋,吴冲锋,刘晓薇.中国民营上市公司高管的政府背景与公司价值 [J].经济研究,2008 (7):130 - 141.

[120] 吴先明. 制度环境与我国企业海外投资进入模式 [J]. 经济管理, 2011, 33 (4): 68 - 79.

[121] 夏立军, 方轶强. 政府控制、治理环境与公司价值——来自中国证券市场的经验证据 [J]. 经济研究, 2005 (5): 40 - 51.

[122] 向杨, 徐良果, 王勇军. 公共治理目标、政府干预与企业过度投资 [J]. 财会通讯, 2013 (33): 69 - 75 + 129.

[123] 肖珉. 自由现金流量、利益输送与现金股利 [J]. 经济科学, 2005 (2): 67 - 76.

[124] 徐浩, 冯涛, 张蕾. 金融发展、政府干预与资本配置效率——基于中国 1978 - 2013 年的经验分析 [J]. 上海经济研究, 2015 (10): 40 - 48.

[125] 徐晓东, 陈小悦. 第一大股东对公司治理、企业业绩的影响分析 [J]. 经济研究, 2003 (2): 64 - 74 + 93.

[126] 颜淑姬, 许永斌. 资产注入定向增发中控股股东的择机行为研究 [J]. 社会科学战线, 2011 (11): 234 - 236.

[127] 颜淑姬. 资产注入——利益输入或利益输出? [J]. 商业经济与管理, 2012 (3): 75 - 84.

[128] 尹筑嘉, 黄建欢, 文凤华. 资产注入、流动性溢价与市场环境 [J]. 系统工程, 2009 (1): 64 - 70.

[129] 余晖. 政府管制与行政改革 [J]. 中国工业经济, 1997 (5): 29 - 32.

[130] 余明桂, 潘红波. 政府干预、法治、金融发展与国有企业银行贷款 [J]. 金融研究, 2008 (9): 1 - 22.

[131] 余明桂, 潘红波. 政治关系、制度环境与民营企业银行贷款 [J]. 管理世界, 2008 (8): 9 - 21.

[132] 余明桂, 夏新平. 控股股东、代理问题与关联交易: 对中国上市

公司的实证研究 [J]. 南开管理评论, 2004 (6): 33 - 38 + 61.

[133] 张功富. 政府干预、政治关联与企业非效率投资——基于中国上市公司面板数据的实证研究 [J]. 财经理论与实践, 2011, 32 (3): 24 - 30.

[134] 张红军. 中国上市公司股权结构与公司绩效的理论及实证分析 [J]. 经济科学, 2000 (4): 34 - 44.

[135] 张洪辉, 王宗军. 政府干预、政府目标与国有上市公司的过度投资 [J]. 南开管理评论, 2010, 13 (3): 101 - 108.

[136] 张鸣, 郭思永. 大股东控制下的定向增发和财富转移——来自中国上市公司的经验证据 [J]. 会计研究, 2009 (5): 78 - 86.

[137] 张祥建, 郭岚. 资产注入、大股东寻租行为与资本配置效率 [J]. 金融研究, 2008 (2): 98 - 112.

[138] 张祥建, 徐晋. 股权再融资与大股东控制的"隧道效应"——对上市公司股权再融资偏好的再解释 [J]. 管理世界, 2005 (11): 127 - 136 + 151.

[139] 张祥建, 徐晋. 盈余管理、配股融资与上市公司业绩滑坡 [J]. 经济科学, 2005 (1): 56 - 65.

[140] 张晓波, 陈海声. 政府干预对上市公司并购绩效的影响 [J]. 财会月刊, 2013 (18): 3 - 7.

[141] 章卫东, 李海川. 定向增发新股、资产注入类型与上市公司绩效的关系——来自中国证券市场的经验证据 [J]. 会计研究, 2010 (3): 58 - 64.

[142] 章卫东, 李斯蕾. 政府控股、资产注入与上市公司绩效关系的实证研究 [J]. 统计与决策, 2015 (24): 173 - 177.

[143] 章卫东, 刘珍秀, 孙一帆. 公开增发新股与定向增发新股中盈余管理的比较研究 [J]. 当代财经, 2013 (1): 118 - 129.

[144] 章卫东，张洪辉，邹斌．政府干预、大股东资产注入：支持抑或掏空 [J]．会计研究，2012 (8)：34 - 40 + 96.

[145] 章卫东，张江凯，成志策，徐翔．政府干预下的资产注入、金字塔股权结构与公司绩效——来自我国地方国有控股上市公司资产注入的经验证据 [J]．会计研究，2015 (3)：42 - 49 + 94.

[146] 章卫东，赵琪．地方政府干预下国有企业过度投资问题研究——基于地方政府公共治理目标视角 [J]．中国软科学，2014 (6)：182 - 192.

[147] 章卫东．定向增发新股、整体上市与股票价格短期市场表现的实证研究 [J]．会计研究，2007 (12)：63 - 68.

[148] 章卫东．定向增发新股与盈余管理——来自中国证券市场的经验证据 [J]．管理世界，2010 (1)：54 - 63 + 73.

[149] 赵昌文，杨记军，夏秋．中国转型期商业银行的公司治理与绩效研究 [J]．管理世界，2009 (7)：46 - 55.

[150] 赵红岩．产业链整合的阶段差异与外延拓展 [J]．改革，2008 (6)：56 - 60.

[151] 赵红岩．产业链整合的演进与中国企业的发展 [J]．当代财经，2008 (9)：78 - 83.

[152] 赵卿．政府干预、法治、金融发展与国有上市公司的过度投资 [J]．经济经纬，2013 (1)：149 - 153.

[153] 钟海燕，冉茂盛，文守逊．政府干预、内部人控制与公司投资 [J]．管理世界，2010 (7)：98 - 108.

[154] 周昌仕，宋献中．政府干预、跨区域并购与公司治理溢出效应 [J]．财经科学，2013 (9)：30 - 39.

[155] 周建，方刚，刘小元．制度环境、公司治理对企业竞争优势的影响研究——基于中国上市公司的经验证据 [J]．南开管理评论，2009，12

(5)：18 – 27.

[156] 周开国, 李涛. 国有股权、预算软约束与公司价值：基于分量回归方法的经验分析 [J]. 世界经济, 2006 (5)：84 – 94 + 96.

[157] 周黎安. 晋升博弈中政府官员的激励与合作——兼论我国地方保护主义和重复建设问题长期存在的原因 [J]. 经济研究, 2004 (6)：33.

[158] 周黎安. 中国地方官员的晋升锦标赛模式研究 [J]. 经济研究, 2007 (7)：36 – 50.

[159] 周中胜. 治理环境、政府干预与大股东利益输送 [J]. 山西财经大学学报, 2007 (4)：62 – 70.

[160] 朱国泓, 张祖士. 定向增发、资产注入与股市波动——股权分置改革后的股市脆弱性模型推导及其政策含义 [J]. 江西财经大学学报, 2010 (2)：20 – 25.

[161] 朱红军, 何贤杰, 陈信元. 定向增发 "盛宴" 背后的利益输送：现象、理论根源与制度成因——基于驰宏锌锗的案例研究 [J]. 管理世界, 2008 (6)：136 – 147 + 188.

[162] 朱景文. 中心与边缘——法律发展的全球视角 [J]. 新视野, 2007 (1)：67 – 70.

[163] Acemoglu, Daron, Johnson, S. , Robinson, J. Institutions as the Fundamental Cause of Long – Run Growth [R]. working paper, 2004.

[164] Akerlof G. A. . The Market for "Lemons"：Quality Uncertainty and the Market Mechanism [J]. Quarterly Journal of Economics, 1970, 84 (3)：488 – 500.

[165] Allen F. , Qian J. , Qian M. Law, finance, and economic growth in China [J]. Journal of Financial Economics, 2005, 77 (1)：57 – 116.

[166] Ansoff, H. I. Corporate Strategy：An Analytic Approach to Business

Policy for Growth and Expansion [M]. New York, McGaw – Hill, 1965.

[167] Arrow K. J. . The Organization of Economic Activity Issues Pertinent to the choice of Market versus Non – Market Allocation [R]. In the Analysis and Evaluation of Public Expenditure: The PPB System, 59 – 73, Washington, DC. , 1969.

[168] Bae K. H. , Kang J. K. , Kim J. M. . Tunneling or Value Added? Evidence from Mergers by Korean Business Groups [J]. Journal of Finance, 2002, 57 (6): 2695 – 2740.

[169] Barclay M. J. , Holderness C. G. , Sheehan D. P. . Private placements and managerial entrenchment [J]. Journal of Corporate Finance, 2007, 13 (4): 461 – 484.

[170] Beck T. , Demirguec – Kunt A. , Maksimovic V. Financial and Legal Constraints to Growth: Does Firm Size Matter? [J]. Journal of Finance, 2005, 60 (1): 137 – 177.

[171] Bengt – Åke Lundvall. National Innovation Systems – Analytical Concept and Development Tool [J]. Industry & Innovation, 2007, 14 (1): 95 – 119.

[172] Berle, Adolph A. , Gardiner C. Means. The Modern Corporation and Private Property [M]. The McMillan Company, New York, 1932.

[173] Bertrand M, Mehta P, Mullainathan S. Ferreting out Tunneling: An Application to Indian Business Groups [J]. The Quarterly Journal of Economics, 2002, 117 (1): 121 – 148.

[174] Boycko M, Shleifer A, Vishny R W. A Theory of Privatisation [J]. Economic Journal, 1996, 106 (435): 309 – 319.

[175] Bruce M. Owen, Ronald Braeutigam. Regulation Game: Strategic Use of the Administrative Process [M]. Harper Collins Distribution Services, 1978.

[176] Che J. , Qian Y. Institutional Environment, Community Government, and Corporate Governance: Understanding China's Township - Village Enterprises [J]. Journal of Law Economics & Organization, 1998, 14 (1): 1 - 23.

[177] Chen, D. , J. P. H. Fan, T. J. Wong. Politicalled - Connected Ceos, Helping Hand or Grabbing Hand? [R]. Working Paper, Shanghai University of Finance and Economics and HKUST, 2004.

[178] Cheung, Y. , P. R. Rau, A. Stouraitis. Tunneling, Propping, and Expropriation: Evidence from Connected Party Transactions in Hong Kong [J]. Journal of Financial Economics, 2006, 82 (2): 343 - 386.

[179] Chow G. C. Challenges of China's Economic System for Economic Theory [J]. American Economic Review, 1997, 87 (2): 321 - 327.

[180] Christine M. Chan, Shige Makino. Legitimacy And Multi - Level Institutional Environments: Implications For Foreign Subsidiary Ownership Structure [J]. Journal of International Business Studies, 2007, 38 (4): 621 - 638.

[181] Claessens S. , Laeven L. Financial Development, Property Rights, and Growth [J]. Journal of Finance, 2003, 58 (6): 2401 - 2436.

[182] Claessens, S. , S. Djankov, L. H. P. Lang. The Separation of Ownership and Control in East Asian Corporations [J]. Journal of Financial Economics, 2000, 58 (1 - 2): 81 - 112.

[183] Clifford G. Holderness, Dennis P. Sheehan. The Role of Large Shareholders in Publicly Held Corporations: An Exploratory Analysis [J]. Journal of Financial Economics, 1988 (20): 317 - 346.

[184] Coase R. H. The Nature of the Firm [J]. Economica, 1937, 4 (16): 386 - 405.

[185] Cronqvist H. , Nilsson M. Agency Costs of Controlling Minority Share-

holders [J]. Journal of Financial and Quantitative Analysis, 2003, 38 (4): 695 – 719.

[186] Dann L. Y, Deangelo H. Corporate financial policy and corporate control: A study of defensive adjustments in asset and ownership structure [J]. Journal of Financial Economics, 1988, 20 (1 – 2): 87 – 127.

[187] Davis, L., North, D. C. Institutional Change and American Economic Growth: A First Step Toward a Theory of Institutional Innovation [J]. Journal of Economic History, 1970, 30 (1): 131 – 149.

[188] Demirbag M., Tatoglu E, Glaister K W. Factors affecting perceptions of the choice between acquisition and greenfield entry: The case of Western FDI in an emerging market [J]. Management International Review, 2008, 48 (1): 5 – 38.

[189] Diane K. Denis, John J. McConnell. International Corporate Governance [D]. Finance Working Paper, No. 05, 2003.

[190] DiMaggio, Paul J., Powell, Walter W. The Iron Cage Revisited: Institutional Isomorphism And Collective Rationality In Organizational Fields [J]. American Sociological Review, 1983, 48 (2): 147 – 160.

[191] Djankov S., La Porta, R., F. Lopez-de – Silanes, A. Shleifer. The law and economics of self-dealing [J]. Journal of Financial Economics, 2008, 88 (3): 430 – 465.

[192] Djankov S., Mcliesh C., Shleifer A.. Private credit in 129 countries [J]. Journal of Financial Economics, 2010, 84 (2): 299 – 329.

[193] Ducharme L. L., Malatesta P. H., Sefcik S. E.. Earnings management, stock issues, and shareholder lawsuits [J]. Journal of Financial Economics, 2004, 71 (1): 27 – 49.

[194] Elizabeth A. Gordon, Elaine Henry, Darius Palia. Related Party Trans-actions: Associations with Corporate Governance and Firm Value [D]. EFA 2004 Maastricht Meetings Paper, No. 4377, 2004.

[195] Erik Berglof, Patrick Bolton. The Great Divide and Beyond: Financial Architecture in Transition [J]. Journal of Economic Perspectives, 2002, 16 (1): 77 – 100.

[196] Faccio M. , Larry H. P. Lang. The Ultimate Ownership of Western Eu-ropean Corporations [J]. Journal of Financial Economics, 2002 (65): 365 – 395.

[197] Faccio M, Masulis R W, Mcconnell J J. Political Connections and Cor-porate Bailouts [J]. Journal of Finance, 2006, 61 (6): 2597 – 2635.

[198] Faccio, M. , Parsley, D. Sudden Death: Taking Stock of Political Connections [R]. Working paper, Vanderbilt University, 2006.

[199] Fama E. F. , Jensen M C. Separation of Ownership and Control [J]. Journal of Law & Economics, 1983, 26 (2): 301 – 325.

[200] Fama, Eugene F. Agency Problems and the Theory of the Firm [J]. Journal of Political Economy, 1980, 88 (2): 288 – 307.

[201] Fan, J. P. H. , T. J. Wong, T. Zhang. Politically Connected CEOs, Corporate Governance, and Post – IPO Performance of China's Newly Partially Priva-tized Firms [J]. Journal of financial economics, 2007, 84: 330 – 357.

[202] Friedman E, Johnson S, Mitton T. Propping and Tunneling [J]. Journal of Comparative Economics, 2003, 31 (4): 732 – 750.

[203] Frye, T. , A. Shleifer. The Invisible Hand and the Grabbing Hand [J]. American Economic Review, 1997, 87: 354 – 358.

[204] Gao L, Kling G. Corporate governance and tunneling: Empirical evi-dence from China [J]. Pacific – Basin Finance Journal, 2008, 16 (5): 591 –

605.

[205] Grossman S J, Hart O D. One share-one vote and the market for corporate control [J]. Journal of Financial Economics, 1988, 20 (1–2): 175–202.

[206] Grossman, S. J., O. D. Hart. The Costs and Benefits of Ownership: A theory of Vertical and Lateral Integration [J]. Journal of Political Economy, 1986, 94 (4): 691–719.

[207] Gulick, L. H. The Metropolitan Problem and American Ideas [M]. New York, Knopf, 1962.

[208] Hardin G. The Tragedy of the Commons [J]. Science, 1968, 162 (5364): 1243–1248.

[209] Hellman J. S., Jones G., Kaufmann D. Seize the state, seize the day: state capture and influence in transition economies [J]. Journal of Comparative Economics, 2003, 31 (4): 751–773.

[210] Hertzel M., Lemmon M., Linck J. S., Rees L.. Long–Run Performance Following Private Placements of Equity [J]. Journal of Finance, 2002, 57 (6): 2595–2617.

[211] Hertzel M., Smith R. L.. Market Discounts and Shareholder Gains for Placing Equity Privately [J]. Journal of Finance, 1993, 48 (2): 459–485.

[212] Jensen, M., W. Meckling. Theory of the firm: Management behavior, agency costs, and ownership structure [J]. Journal of Financial Economics, 1976, 3 (4): 305–360.

[213] Jian, M., T. J. Wong. Earnings Management and Tunneling through Related Party Transactions: Evidence from Chinese Corporate Groups [D]. EFA 2003 Annual Conference Paper, No. 549, 2003.

[214] Johnson, S., La Porta, R., Lopez-de – Silanes, F., Shleif-

er. A. Tunneling [J]. American Economic Review, 2000, 90 (2): 22 - 27.

[215] Khanna T. . Business groups and social welfare in emerging markets: Existing evidence and unanswered questions [J]. European Economic Review, 2000, 44 (4 - 6): 748 - 761.

[216] La Porta, R. , F. Lopez-de - Silanes, A. Shleifer, R. W. Vishny. Agency Problems and Dividend Policies Around the World [J]. Journal of Finance, 2000 (55): 1 - 33.

[217] La Porta, R. , F. Lopez-de - Silanes, A. Shleifer, R. W. Vishny. Investor Protection and Corporate Governance [J]. Journal of Financial Economics, 2000, 58 (1 - 2): 3 - 27.

[218] La Porta, R. , F. Lopez-de - Silanes, A. Shleifer, R. W. Vishny. Investor Protection and Corporate Valuation [J]. Journal of Finance, 2002, 57 (3): 1147 - 1170.

[219] La Porta, R. , F. Lopez-de - Silanes, A. Shleifer, R. W. Vishny. Law and finance [J]. Journal of Political Economy, 1998, 106 (6): 1113 - 1155.

[220] La Porta, R. , F. Lopez-de - Silanes, A. Shleifer, R. W. Vishny. Legal Determinants of External Finance [J]. Journal of Finance, 1997 (52): 1131 - 1150.

[221] La Porta, R. , F. Lopez-de - Silanes, A. Shleifer. Corporate Ownership around the World [J]. Journal of Finance, 1999, 54 (2): 471 - 517.

[222] Lau C. M. , Tse D. K. , Zhou N. Institutional Forces and Organizational Culture in China: Effects on Change Schemas, Firm Commitment and Job Satisfaction [J]. Journal of International Business Studies, 2002, 33 (3): 533 - 550.

[223] Lee C. W. J. , Xiao X. Cash Dividends and Large Shareholder Expropriation in China [D]. working paper, Tsinghua University, 2002.

[224] Levine R. Law, Finance, and Economic Growth [J]. Journal of Financial Intermediation, 1999, 8 (1 - 2): 8 - 35.

[225] Levine, R. The Legal Environment, Banks, and Long - Run Economic Growth [J]. Journal of Money, Credit and Banking, 1998, 30 (3): 596 - 613.

[226] Li H. , Zhou L. A.. Political turnover and economic performance: the incentive role of personnel control in China [J]. Journal of Public Economics, 2005, 89 (9 - 10): 1743 - 1762.

[227] Lin J. Y. , Cai F. , Li Z.. Competition, Policy Burdens, and State - Owned Enterprise Reform [J]. American Economic Review, 1998, 88 (2): 422 - 427.

[228] Longstaff F. A.. Optimal Portfolio Choice and the Valuation of Illiquid Securities [J]. Review of Financial Studies, 2001, 14 (2): 407 - 431.

[229] Loughran T. , Ritter J. R.. The New Issues Puzzle [J]. Journal of Finance, 1995, 50 (1): 23 - 51.

[230] Mankiw, N. G. Principles of Economics (1st edition) [M]. Fort Worth, Texas, Dryden Press, 1997.

[231] Mara Faccio, Larry H. P. Lang, Leslie Young. Dividends and Expropriation [J]. American Economic Review, 2001, 91 (1): 54 - 78.

[232] Maurer, H. Alleghenies Verwaltungsrecht (6th edition) [M]. C. H. Beck, 1988.

[233] McMillan J. , Woodruff C.. The Central Role of Entrepreneurs in Transition Economies [J]. Journal of Economic Perspectives, 2002, 16 (3): 153 - 170.

[234] Megginson, W. , J. Netter. From State to Market: a Survey of Empiri-

cal Studies on Privatization [J]. Journal of Economic Literature, 2001, 39: 321 – 389.

[235] Meyer J. W. , Rowan B. . Institutionalized Organizations: Formal Structure as Myth and Ceremony [J]. American Journal of Sociology, 1977, 83 (2): 340 – 363.

[236] Meyer K. E. , Estrin S. , Bhaumik S. K. , et al. Institutions, resources, and entry strategies in emerging economies [J]. Strategic Management Journal, 2009, 30 (1): 61 – 80.

[237] Michael Rothschild, Joseph Stiglitz. Equilibrium in Competitive Insurance Markets: An Essay on the Economics of Imperfect Information [J]. The Quarterly Journal of Economics, 1976, 90 (4): 629 – 649.

[238] Michael Spence, Richard Zeckhauser. Insurance. Information, and Individual Action [J]. The American Economic Review, 1971, 61 (2): 380 – 387.

[239] Morck R. , A. Shleifer, R. W. Vishny. Management Ownership and Market Valuation [J]. Journal of Financial Economics, 1988, 20 (1 – 2): 293 – 315.

[240] Myers S. C. , Majluf N. S. . Corporate financing and investment decisions when firms have information that investors do not have [J]. Journal of Financial Economics, 1984, 13 (2): 187 – 221.

[241] North, D. C. Institutions, institutional change and economic performance [M]. Cambridge: Cambridge University Press, 1990.

[242] O. Williamson. Markets and Hierarchies: Analysis and Antitrust Implications [M]. New York: Free Press, 1975.

[243] Olivier Blanchard, Andrei Shleifer. Federalism with and without Politi-

cal Centralization: China Versus Russia [J]. IMF Economic Review, 2001, 48 (1): 171 – 179.

[244] Peltzman S.. Toward a More General Theory of Regulation [J]. Journal of Law & Economics, 1976, 19 (2): 241 – 244.

[245] Peng M. W.. Institutional Transitions and Strategic Choices [J]. Academy of Management Review, 2003, 28 (2): 275 – 296.

[246] Posner R. A.. Theories of Economic Regulation [J]. Bell Journal of Economics & Management Science, 1974, 5 (2): 335 – 358.

[247] Qian Y. , Weingast B. R.. Federalism as a Commitment to Perserving Market Incentives [J]. Journal of Economic Perspectives, 1997, 11 (4): 83 – 92.

[248] Qian, Y. , C. Xu.. Why China's Economic Reforms Differ: The M – Form Hierarchy and Entry/Expansion of the Non-state Sector [J]. The Economics of Transition, 1993, 1 (2): 135 – 170.

[249] Rangan, Srinivasan. Earnings management and the performance of seasoned equity offerings [J]. Journal of Financial Economics. 1998, 50 (1): 101 – 122.

[250] Ross S. A.. The Determination of Financial Structure: The Incentive – Signalling Approach [J]. Bell Journal of Economics, 1977, 8 (1): 23 – 40.

[251] Ross S. A.. The Economic Theory of Agency: The Principal's Problem [J]. American Economic Review, 1973, 63 (2): 134 – 139.

[252] Schultz T. W.. Institutions and the Rising Economic Value of Man [J]. American Journal of Agricultural Economics, 1968, 50 (5): 1113 – 1122.

[253] Scott W. R.. Institutions and organizations [M]. Thousand Oaks, CA: Sage Publication, 1995.

[254] Shirley, M. M. , P. Walsh. Public vs. private ownership: the current state of the debate [R]. Working Paper, World Bank, 2000.

[255] Shleifer, A.. Government in transition [J]. European Economic Review, 1997, 41 (3 – 5): 385 – 410.

[256] Shleifer, A. , R. Vishny. A Survey of Corporate Governance [J]. Journal of Finance, 1997, 52 (2): 737 – 783.

[257] Shleifer, A. , R. Vishny. Large Shareholders and Corporate Control [J]. Journal of Political Economy, 1986, 94 (3): 461 – 488.

[258] Shleifer, A. , R. Vishny. Politicians and Firms [J]. Quarterly Journal of Economics, 1994, 109: 995 – 1025.

[259] Shleifer, A. , R. Vishny. The Grabbing Hand: Government Pathologies and Their Cures [M]. Cambridge, MA: Harvard University Press, 1998.

[260] Silber W. L.. Discounts on Restricted Stock: The Impact of Illiquidity on Stock Prices [J]. Financial Analysts Journal, 1991, 47 (4): 60 – 64.

[261] Srinivasan Krishnamurthy, Paul Spindt, Venkat Subramaniam, Tracie Woidtke Does investor identity matter in equity issues? Evidence from private placements [J]. Journal of Financial Intermediation, 2005, 14 (2): 210 – 238.

[262] Stigler G. J.. The Theory of Economic Regulation [J]. Bell Journal of Economics, 1971, 2 (1): 3 – 21.

[263] Teoh S. H. , Welch I. , Wong T. J.. Earnings Management and the Long – Run Market Performance of Initial Public Offerings [J]. Journal of Financial, 1998, 53 (6): 1935 – 1974.

[264] Teoh S. H. , Welch I. , Wong T. J.. Earnings Management and the Post-Issue Underperformance of Seasoned Equity Offerings [J]. Journal of Financial Economics, 1998, 50 (1): 63 – 99.

[265] Tzelepis D. , Skuras D. . The effects of regional capital subsidies on firm performance: an empirical study [J]. Journal of Small Business & Enterprise Development, 2004, 11 (1): 121 – 129.

[266] Vickrey W. . Counterspeculation, Auctions, and Competitive Sealed Tenders [J]. Journal of Finance, 1961, 16 (1): 8 – 37.

[267] Volpin, P. F. . Governance with poor investor protection: evidence from top executive turnover in Italy [J]. Journal of Financial Economics, 2002, 64 (1): 61 – 90.

[268] Wei S. J. . How Taxing is Corruption on International Investors? [J]. Review of Economics & Statistics, 1997, 82 (1): 1 – 11.

[269] Wilson, R. La Decision: Agregation et Dynamique des Orders de Preference [M]. Editions du Centre National de la Recherche Scientifique, Paris, Centre National de la Recherche Scientifique: 288 – 307, 1969.

[270] World Bank. China, Governance, Investment Climate and Harmonious Society: Competitiveness Enhancements for 120 Cities in China [R]. World Bank Report No. 37759 – CN, 2006.

[271] Wruck K H. Equity ownership concentration and firm value: Evidence from private equity financings [J]. Journal of Financial Economics, 1989, 23 (1): 3 – 28.

[272] Yan – Leung Cheung, Lihua Jing, Aris Stouraitis, P. Raghavendra Rau. How Does The Grabbing Hand Grab? Tunneling Assets from Chinese Listed Companies To The State [D]. City University of Hong Kong working paper, 2007.

后　　记

　　本书是章卫东教授承担的国家自然科学基金项目（71262004）"地方国有上市公司定向增发资产注入动机及经济后果研究"的研究成果。该项目针对我国地方政府热衷于通过干预将非上市资产注入上市公司的现象，从政府"掠夺之手"和政府"支持之手"的视角出发，对我国地方政府干预地方国有控股上市公司定向增发资产注入的问题进行了系统的研究。项目研究从立项到结题历经了4年多的时间，其间经过文献收集、实地调研、理论建模和数据检验，系统地对我国地方政府干预地方国有控股上市公司定向增发资产注入的动机和经济后果等相关问题进行了深入的理论分析和实证检验，得出了一些具有理论和应用价值的研究成果，圆满地完成了本项目的研究任务。在项目研究完成之后，我们将项目研究的成果改编成此专著出版。谨此，我们对国家自然科学基金委员会的资助以及对此项目进行匿名评审的专家表示衷心的感谢！

　　在项目的研究过程中，章卫东教授的博士后导师武汉大学经济管理学院王永海教授、博士生导师华中科技大学管理学院夏新平教授、同窗学友武汉大学经济管理学院余明桂教授、潘洪波副教授、华中科技大学管理学院汪宜霞副教授，以及江西财经大学周冬华副教授、张洪辉副教授、邹斌老师等，为本项目的研究提出许多宝贵意见，在此书出版之际，我们对他们的帮助一并表示衷心感谢！

　　此外，江西财经大学会计学院博士研究生李斯蕾、罗国民、罗希以及硕士研究生刘若梦、汪芸倩、陈晶、徐彦筠、黄轩昊、李龙、黄锦川、王超、鄢翔、袁聪、张江凯、赵琪、赵兴欣、李飘、徐斌等同学参与了资料收集和数据的整理工作。在此，也向他们深表谢意！

由于我国上市公司定向增发资产注入是股权分置改革开始后才出现的新生事物，特别是这其中满足研究目的的定向增发资产注入的研究样本数量有限，可能会对研究结论造成偏差。另外，由于时间仓促，使我们对政府干预定向增发资产注入的许多问题尚未进行深入的研究，如地方国有控股上市公司定向增发资产注入后的长期经营业绩和公司价值，中央控股上市公司和民营上市公司定向增发资产注入后的经济后果以及地方国有控股上市公司、中央控股上市公司和民营上市公司三者在定向增发资产注入后的经济后果的对比，特别是我国证券市场中的保荐人、审计师等中介机构在防止我国定向增发资产注入中向大股东利益输送等问题还需要进一步进行深入的研究，这也许可以成为未来上市公司定向增发资产注入领域新的研究方向，也将是我们后续研究的方向。

由于时间仓促和水平有限，书中肯定有不少疏漏之处，期待各位同仁和读者批评指正。

周子剑　黄一松　章卫东
2017 年 11 月